이제 말이 아닌 **글로 팔아라**

이제 말이 아닌

단 한 줄의 글이 고객의 마음을 사로잡는다

글로 팔아라

이수민 지음

갈매나무

아래 여섯 인물들의 공통점은 무엇일까? 세일즈나 자기계발에 관심 있는 사람이라면 한 번쯤 들어본 적 있는 세계적 베스트셀러 작가라는 점은 제외하고 말이다.

- 세스 고딘《보랏빛 소가 온다》,《마케팅이다》)
- 대니얼 핑크《드라이브》,《파는 것이 인간이다》)
- 브라이언 트레이시《전략적 세일즈》)
- 로버트 치알디니《설득의 심리학》)
- 리처드 탈러《넛지》)
- 앤젤라 더크워스《그릿》)

정답은 머나먼 대한민국에서 이름도 들어본 적 없는 저자가 보낸 추천사 의뢰 메일에 반응을 보여주신 분들이라는 것이다. 말콤 글래드웰, 댄 히스를 포함하여 총 여덟 분에게 메일을 보냈고, 그중 대니얼 핑크는 몇 번의 연락을 더 주고받은 후 추천사를 써주었다. 결과로 보면 여덟 명 중 여섯 명, 즉 75퍼센트가 내 메일을 스팸으로 치부하지 않고 거절이든 수락이든 답을 주었으니 꽤 성공률이 높은 글쓰기를 한 셈이다.

사실 추천사를 얻는 것 자체도 의미 있는 일이지만 메일을 보낸 또 다른 목적이 있었다. 이 책에서 소개한 여러 세일즈 글쓰기 방법들이 얼마나 효과적인지를 세계적 작가들의 반응을 통해 다시 확인하고 싶었다. 세일즈나 자기계발 분야 최고의 글쓰기 대가들에게 말이다. 어떻게 글을 써서 그들에게서 아래와 같은 반응을 얻었는지는 이 책을 천천히 읽다 보면 충분히 짐작할 수 있으리라 생각한다.

Hi, Sumin. Thanks for the note. Congratulations on your book.

Could you send me a brief(1 page or so) English language summary of the book? Once I read that, I can consider a recommendation or "jacket quote," as they call it in American publishing

Many thanks.

Cheers,
Dan

DANIELH. PINK
e: dp@danielpink.com
u: www.danielpink.com
t: www.twitter,com/danielpink

Hi, Sumin.

Thanks for your kind words and the invitaion to review your work.
Unfortunately, I cannot. When I recently asked Danny Kahneman for protecting time for research, he suggested two rules, which I now follow. First, only endorse books you read cover to cover. Second, only read books cover to cover when you have personally been involved, somehow, in the writing of the book. I apologize for not being more available!

With grit and gratitude

Angela

이전 직장에서 농담 반 진담 반으로 자주 듣던 말이 있다. '적자생존'이란 말이다. 물론 다윈의 진화에 대한 이야기는 아니다. 회의에 참가하거나 보고를 할 때는 일단 적는 것이 중요하다는 것을 강조한 말이었다. 그런데 이것이 어디 직장 생활에서만 중요한 말이겠는가? 비대면이 뉴노멀로 자리 잡고 있는 지금의 세일즈 환경에서 글쓰기는 이제 선택이 아닌 생존의 필수 조건이 되었다. 면대면으로 만날 수 없는 고객과 커뮤니케이션을 지속하는 수단으로 '글'이 '말'보다 중요한 시대가 도래한 것이다. 이제 말이 아닌 글로 팔아야 하는 시대다.

그렇다면 어떤 글이 좋은 세일즈 글일까? 고객을 설득하여 그들에게서 원하는 행동을 이끌어내는 글이다. 소설이나 수필과 같은 다른 분야의 글과 달리, 읽는 이가 단순히 이해나 감동만 하고 끝난다면 좋은 세일즈 글이라 할 수 없다. 모든 세일즈 글은 성과로 평가되고 그 성과는 구매나 제안 요청과 같은 고객의 구체적 행동에서 나오기 때문이다.

행동을 하기 위해서 필요한 전제 조건이 있다. 기억이다. 고객이 당신의 글을 의식적이든 무의식적이든 기억하지 못하고 있는데 당신이 바라는 대로 행동할 수 있을까? 불가능하다. 따라서 좋은 세일즈 글은 기억이 잘 되는 글이기도 하다. 세일즈를 목적으로 글을 쓴다면 이 '기억'이라는 키워드를 꼭 기억해야 한다. 이 책의 1부 '한 시간 말보다 한 줄 글이 더 강하다'에서 고객이 기억을 잘하게 만드는 글쓰기 방법을 소개하는 이유다.

세일즈는 효율성을 추구해야 한다. 노력에 비해 실속 없는 속 빈 강정이 되어서는 곤란한 일이지 않은가? 그렇다면 효율성을 추구한다는 의미는 무엇일까? 효율이란 '들인 노력과 얻은 결과의 비율'이다. 따라서 세일즈에서 효율성을 추구한다는 것은 세일즈 활동에 투입하는 노력은 최소, 성과는 최대를 도모한다는 말이다. 세일즈 효율성을 높이고 싶다면 2부에서 다루고 있는 심리 법칙을 적극 활용해보자. 고객의 심리를 활용하는 데는 큰 노력과 비용이 들어가지 않는 반면에 효과는 크다. 수많은 정보의 홍수 속에 빠져 있는 고객은 의사결정의 지름길을 선호하는 경향이 아주 강하다. 심리 법칙을 살펴보면 이 지름길을 알고 활용하는 데 유용하다.

이 책에서는 누구나 알고 있는 세일즈 글쓰기가 필요하다는 이야기는 최소화했다. 대신 세일즈 글쓰기의 구체적인 방법이나 도구를 제공하고자 노력했다. 세일즈 성과를 높이기 위해서는 Why보다 How에 집중하는 것이 실질적인 도움이 되기 때문이다. 여기에 가장 부합하는 내용들이 담긴 곳이 3부다. 이 장에서는 제안서나 기획서 또는 프리젠테이션 자료를 만들 때와 같은 다양한 세일즈 상황에서 효과적으로 글을 쓰는 방법을 코칭하듯이 적었다. 또한 고객의 가격 저항에 대응하는 효과적인 방법도 사례와 연구 결과를 기반으로 제시했다.

가끔 이런 말을 들을 때가 있다. "고객이 가격 흥정을 하지 않고 그냥 구매해주었으면 좋겠어요." 그런데 이것이 과연 좋은 일이기만 할까? 물론 당신이 오너라면 대부분의 경우 좋은 일일 가능성이 크다. 고객의 가격 선택권이 없다는 것은 당신 상품이 가격이나 품질 등에서 탁월한 경쟁력을 갖추고 있다는 반증이기도 하니까 말이다. 그렇지만 당신이 누군가를 위해 일하는 사람이라면 어떨까? 햄버거나 김밥집에서 종업원과 가격을 흥정하는 사람은 없다. 대신 그쪽 일을 하면서 높은 임금을 받는 경우도 없다! 고객의 가격 저항을 잘 다루어야 하는 분야가 세일즈 역량이 가장 많이 요구되는 곳이다. 이러한 곳일수록 그 결과에 따라 세일즈 담당자로서 성장과 발전의 속도가 달라진다. 세일즈뿐만 아니라 자신이 고객으로 구매했을 때의 경험과 비교 회상하여 읽으면 더욱 의미 있는 시간이 될 것이다.

이 책은 모듈식으로 구성되어 자신이 필요하거나 흥미를 느끼는 부분을 먼저 읽는 것도 가능하지만, 처음 읽을 때는 책의 시작부터 순서대로 읽어나가길 추천한다. 저자의 전개 흐름을 100퍼센트 맛보는 길이기 때문이다.

글쓰기는 분명 쉽지 않은 일이다. 자연스럽게 배우는 말과 달리 글을 쓰기 위해서는 많은 노력과 연습이 필요한 것이 사실이다. 대신 힘든 만큼 보상도 크다. 엉킨 생각의 실타래를 풀어 그것을 글로 표현할 때 느낀 희열은 미하이 칙센트미하이 교수가 말한 몰입 flow 에서 맛본다는 최적 경험의 순간과 다르지 않다. 최고의 자신과 최고의 행복을 만난다는 그 순간 말이다. 책을 썼던 지난 1년이 나에게도 그런 경험을 가져다주었다. 나와 같은 경험을 맛보는 사람들이 많아졌으면 좋겠다. 이는 이 책을 쓴 가장 큰 이유 중 한 가지이기도 하다.

특별히 고마움과 감사를 표하고 싶은 사람들이 있다. 먼저 낯선 저자를 믿고 추천사를 써준 대니얼 핑크에게 마음 깊이 감사드린다. 그의 추천사 한마디가 이 책이 세상에 좀 더 많이 알려지는 데 큰 도움이 되었다. Thanks Dan~. 서울대 EMBA 인연으로 추천의 글을 흔쾌히 써주신 서울대 이유재 교수님과 크라운제과 윤석빈 대표님께도 진심으로 감사의 인사를 드리고 싶다. 두 분의 글을 통해 더 많은 용기와 희망을 얻을 수 있었다. 또한 좋은 기획안을 가지고 원고를 의뢰해준 갈매나무 박선경 대표님과 남궁은 편집자님에게도 이 글을 빌어 고마움을 전하고 싶다. 이분들이 없었다면 내가 새로운 꿈을 꾸는 것 자체가 불가능했을 것이다.

　이 책의 탄생에 숨은 조력자가 있다. 그녀의 도움이 없었으면 완성도 높은 책이 나오기 어려웠을 것이다. 사업 파트너이자 인생 파트너인 백수진 박사 이야기다. 좌절의 늪에서 허우적거려 원고가 앞으로 나아가지 못하고 있을 때, 그녀의 위로와 격려 그리고 긍정적 비판이 큰 도움이 되었다. 고마워. 감사해.

　아장아장 다가와 놀아달라고 졸라대던 민선과 민하가 어느새 대학생과 고등학생이 되었다. 아이들과 뒹굴며 놀았던 그 시간이 가끔 그립다. 그때 스스로 다짐한 약속이 있다. '아이들이 자랑스럽게 여기는 아빠 되기'다. 이 책이 사랑하고 사랑하는 두 딸들에게 아빠가 약속을 지키려 노력하고 있다는 표식이 되었으면 좋겠다.

언택트 시대,
단 한 줄의 글이 고객의 마음을 사로잡는다

카페나 지하철처럼 사람이 많이 모이는 곳에서 확인해보자. 전화 통화를 하는 사람이 많은지, 카톡이나 문자를 하는 경우가 많은지 말이다. 아마 후자가 압도적일 것이다. 학생이나 젊은 사람만이 아니다. 나이 든 사람들도 점점 문자로 대화하는 경우가 많아지는 것 같다.

이렇게 문자로 의사소통을 하는 것은 이제 세대와 나이를 불문하는 현상이다. 주된 커뮤니케이션 수단이 '말'에서 '글'로 넘어간 것이다. 심지어 옆방의 가족과 카카오톡으로 대화하는 사람도 있을 정도라고 하니 말이다.

비즈니스 현장에서도 별반 다르지 않다. 최근 일주일 동안 고객과 어떻게 연락했는지 생각해보자. 말로 한 경우가 많은가, 글로 한 경우가 많은가? 아마 대부분은 글이라고 답할 것이다. 이메일이든 문자든 카톡이든 말이다.

내 경우는 거의 1 대 9 비율인 것 같다. 고객 문의 대부분은 전화가 아니라 문자나 이메일로 온다. 사실 이 책의 출판 의뢰도 그랬다.

출판사를 방문하기 전까지 편집자 목소리 한 번 듣지 못했다! 정중하고 친절한 이메일과 문자는 여러 번 받았지만 말이다.

말보다 글의 시대에 가장 필요한 스킬 중 하나가 글쓰기다. 특히 세일즈 분야에서는 어떻게 글을 쓰느냐가 세일즈 성과에 결정적 영향을 미친다. 그런데 잠깐! 당신은 지금 세일즈를 하고 있지 않다고? 과연 그럴까?

세일즈 아닌 일은 없다!

세일즈란 고객에게 상품이나 서비스를 파는 활동을 말한다. 고객이 존재하여 판매하는 상품과 서비스에 자신을 포함시키면 세상에 세일즈 아닌 것이 없다. 깊은 산속에서 혼자 자연인의 삶을 살지 않는 한 우리는 모두 매일 무언가를 판다. 세계적인 미래학자 대니얼 핑크Daniel Pink 는 '판다'라는 말로 고쳐 표현할 수 있는 일이라면 명칭에 관계없이 그 일은 세일즈라고 했다.

교사는 학생들에게 지식과 경험을 파는 사람이고, 공무원은 국민에게 봉사와 서비스를 파는 사람이다. 회사 면접은 자신의 역량을 팔아서 입사하는 것이고, 프러포즈는 자신의 비전을 상대에게 팔아 결혼에 골인하는 것이다.

이렇게 상대에게 무언가를 팔아서 자신이 원하는 것을 얻는 사람은 모두 본질적으로는 세일즈맨이다. 학생을 가르치는 교사도, 연봉 협상을 하는 프로선수도, 용돈 인상을 요구하는 배우자도 그 순간은 세일즈맨으로 활동하고 있는 것이다.

심지어 영적 수련을 중요하게 생각하는 태권도에서도 좋은 사범이 되기 위한 조건으로 세일즈를 강조하고 있다.

"태권도를 세일즈할 자신이 없다면 좋은 사범이 될 수 없습니다. 태권도 수련이 얼마나 좋은지, 왜 필요한지 확신을 가지고 설명할 수 없다면 그 사람이 좋은 태권도 사범이 될 수 있을까요? 사범은 언제 누구한테든 좋은 세일즈맨이 될 수 있는 소양을 지녀야 해요."

-조선일보, 〈겨루기도 안 하고 놀이방 전락한 태권도장…
수련의 가치 회복해야〉, 2019년 6월15일 자

이렇게 파는 대상이 있고 사는 고객도 있으면 그 일은 전부 세일즈라고 말할 수 있다. 그런데 요즈음 오프라인 세상에는 예전만큼 고객들이 눈에 보이지 않는 것 같다. 그 많던 고객들은 전부 어디로 간 것일까?

고객들은 전부 어디로 갔을까

주말마다 가는 대형 마트가 있다. 이제 대학생인 큰딸이 태어나기 전부터 다녔으니 꽤 오랜 세월 동안 이용하고 있는 곳이다. 한창일 때는 주말에 주차할 곳을 찾기 힘들 정도로 인기 있는 쇼핑 공간이었다. 그런데 어느 순간부터 마트의 고객들이 많이 사라진 것 같다. 주차하기도 너무 쉬워졌다. 주변에 보이는 얼마 안 되는 고객들도 나이가 꽤 들어 보이는 사람들이 대부분이다. 그 많던 고객들은 전부 어디로 간 것일까?

말 그대로 모든 것이 선 위에서 이루어지는 온라인on-line의 시대

다. 거의 모든 물건을 온라인 공간에서 구매할 수 있다. 이전에 오프라인 쇼핑몰을 이용하던 고객들도 점점 빠르게 온라인 쇼핑몰로 향하고 있다. 오프라인 유통업체들은 사라진 고객을 잡기 위해 온라인 시장 진출을 적극적으로 추진한다. 이제는 자사의 온라인 쇼핑몰을 가지고 있지 않은 대형 마트를 찾기 힘들 정도다.

고객들이 오프라인 쇼핑몰을 떠나 온라인 쇼핑몰로 이동하는 이유는 무엇일까? 오프라인에 비해 상대적으로 저렴한 가격? 주문의 편의성? 모두 맞는 말이다. 또한 온라인에는 사람과의 관계에서 생길 수 있는 감정적 불편함도 전혀 없다. 거래가 사람과 '언택트 contact'한 비대면 커뮤니케이션으로 진행되기 때문이다. 언택트는 사람과 접촉 contact 을 하지 않거나 최소화한다는 의미다. 공항이나 음식점 같은 서비스 분야에서 시작한 말이지만 지금은 사회문화적 현상으로 자리 잡고 있다.

오프라인에서 물건을 살 때 직원 때문에 불편한 경험을 한 적이 있는가? 나는 고객을 무시하며 판매를 강요하는 직원에 대한 안 좋은 기억이 많다. 그런 기억들로 대형 마트에서도 판매하는 사람이 있는 곳은 되도록 피하는 편이다. 제품 라벨이나 광고 문구 등을 보면서 혼자 구매하는 것이 편하다. 특히 윈도우 쇼핑을 하는 경우는 더욱 그렇다.

당신은 어떤가? 직원을 통하여 사는 것과 광고 등을 보고 혼자 알아서 사는 것 중 어느 쪽을 더 편하게 느끼는가? 이 질문에 점점 후자라고 답하는 경우가 많아지고 있다. 사람과 접촉하지 않고 비대면으로 물건을 구입하는 일이 점점 늘어나는 것은 이제 돌이킬 수 없는 흐름이 되었다. 온라인의 시대이자 비대면 커뮤니케이션의 시대가 온 것이다.

세일즈 글쓰기가 중요한 이유가 바로 여기에 있다. 비대면 커뮤니케이션에서 고객에게 정보를 제공하고 설득하는 유일한 수단은 '글'뿐이다. 따라서 세일즈 글쓰기를 효과적으로 하지 못하면 기대하는 세일즈 성과를 얻기 어렵다.

그런데 글쓰기가 온라인 세일즈에서만 필요한 스킬일까? 절대 아니다! 글쓰기는 오프라인의 세일즈 성과에도 결정적 영향을 미친다. 아래 문구를 보면 이를 확인할 수 있다. 어느 마트 매장 입구에 고급 칫솔을 쌓아놓고 그 위에 부착한 문구다. 단순하지만 잘 적은 글이다.

특별혜택!

9만 원 이상 구매하시면

○○ 프리미엄 칫솔을 10원에 가져가실 수 있습니다!

(선착순 100명 한정)

이런 글이 훈련이 덜 된 직원의 말보다 고객 마음을 훨씬 더 움직이지 않을까? 글에는 구매 욕구를 자극하는 손실 회피, 희소성 편향 등의 심리적 법칙이 숨어 있다. 미끼 상품인 칫솔이 고객에게 시각적 단서 역할을 하게 만들어 구매를 촉진시킨다는 점도 인상 깊다. 고객은 카트에 담긴 칫솔을 볼 때마다 9만 원이라는 구매 목표 금액이 떠오르지 않겠는가? 이렇게 좋은 글은 오프라인 구매를 촉진하고 세일즈 성과를 높여준다.

자, 이제 세일즈 글쓰기가 세일즈 성과에 어떻게 영향을 미치는지 본격적으로 알아보자.

한 시간 말보다
한 줄 글이 더 강하다

: 소비자의 뇌리에 박히는
세일즈 글쓰기

1장

세일즈 성과는
'작은 차이'가 결정한다

세일즈 분야에서 성공한 사람들이 공통적으로 하는 말이 있다. "세일즈는 작은 차이가 큰 차이를 만든다." 물론 여기서 '큰 차이'란 세일즈 성과의 차이를 말한다. 그런데 세일즈 분야는 참가자들에게 성과 배분이 공평한 세상이 아니다. 승자가 대부분 독식하는 세상이다.

세일즈 분야의 세계적인 전문가 브라이언 트레이시 Brian Tracy 는 승자 독식의 상황을 경마에 비유해 설명했다. 경마에서 1등은 2등보다 열 배 이상의 상금을 가져가는 경우가 많다. 그런데 상금이 열 배 이상이라고 해서 1등으로 들어온 말이 2등으로 들어온 말보다 속도도 열 배 이상 빨랐을까? 그렇지 않다. 말 그대로 우승 말은 2등 말보다 간발의 차이만 빨랐을 뿐이다. 그 작은 차이가 승자를 결정하고, 승자가 상금의 대부분을 가져가는 큰 차이를 만든다.

사실 세일즈 분야는 경마보다 승자 독식이 훨씬 심한 곳이다. 경마에서는 2등에게도 조금의 상금은 주어지지만, 세일즈에서 2등에게 돌아가는 보상은 거의 없다. 고객과 거래를 성사시킨 단 한 사람이 성과의 대부분을 차지한다는 말이다. 그런데 세일즈 성과에서 승자 독식이라는 큰 차이는 '작은 차이'가 결정한다.

그렇다면 '작은 차이'는 무엇에 대한 차이를 말하는 것일까? 분야에 상관없이 세일즈에 뛰어난 사람을 떠올려보고 그 사람이 다른 사람들과 어떤 부분에서 차이가 있는지 생각해보자. 여러 차이가 있겠지만 크게 두 가지로 정리할 수 있을 것이다. 바로 스킬과 마인드다.

다른 사람보다 세일즈 스킬이 우수하지 않거나 마인드가 좋지 않은데 세일즈로 성공한 사람이 있는가? 없다. 운이 좋아 일시적으로 성공한 것처럼 보일 수는 있다. 그러나 그런 성공이 지속될 수는 없다. 스킬과 마인드가 뒷받침되지 않고서는 말이다. 스킬과 마인드의 작은 차이가 세일즈 성과에 큰 차이를 만들어낸다. 특히나 승자 독식 원칙이 적용되는 세일즈에서 이 말은 무서울 만큼 잘 들어맞는다.

세일즈 성과는 세일즈 스킬과 마인드에 의해 결정된다. 수식 형태로 정리하면 다음과 같은 방정식으로 표시할 수 있다. 세일즈 성과 방정식이다.

세일즈 성과 sales performance＝세일즈 스킬 skill ×마인드 mind

능력 있는 세일즈맨을 만드는 스킬과 마인드

세일즈 스킬은 한마디로 말하면 고객의 구매 욕구를 효과적으로 자극하는 스킬이다. 생각해보자. 고객의 구매 욕구가 아주 크다면 세일즈 스킬이 필요할까? 배가 너무 고파 빵집에 온 사람이 있다. 그 사람에게 빵을 구입하라고 말할 필요가 있을까? 빵만 잘 포장해서

주면 끝이다. 하지만 현실에서 고객의 구매 욕구는 항상 높지 않다. 간혹 욕구도 없는 고객에게 판매해야 하는 경우도 있다. 세일즈 스킬은 이때 필요하다.

세일즈 스킬은 전달하는 방식에 따라 말하기 스킬과 글쓰기 스킬로 구분된다. 어떤 스킬이 더 중요할까? 물론 둘 다 중요하다. 그러나 세일즈 분야에서 비대면 커뮤니케이션이 증가하는 요즘의 상황을 고려하면 글쓰기 스킬에 조금 더 무게를 두어도 좋을 듯하다.

세일즈맨이 지니고 있는 마인드도 세일즈 성과에 많은 영향을 미친다. 누군가에게서 대가를 받는 직업으로 일을 할 때 어디 만만한 것이 있겠는가? 일하는 과정에서 마음에 상처를 받는 경우도 허다하다. 세일즈는 특히나 상처받기 쉬운 환경에 노출되어 있다. 고객의 거절이나 변심에 마음 상하거나 반복되는 실패에 좌절하기 십상이다. 이때 상한 마음을 추스르고 좌절에 무릎 꿇지 않는 힘은 마인드에서 나온다. 심리학에서는 이 힘을 회복탄력성 resilience 이라고 부른다.

주춧돌이 튼튼해야 좋은 집을 지을 수 있다. 지식에도 주춧돌 같은 지식이 있다. 이 책에서는 플랫폼 지식이라 부른다. 세일즈 스킬을 튼튼하게 만들어 세일즈 성과를 높이고 싶다면 다음 장에서 이야기하는 플랫폼 지식을 꼭 기억하자.

2장

기억이 잘되는 글의
여섯 가지 특징

사전적 의미로 플랫폼platform이란 장비를 놓아둘 수 있는 기반을 의미한다. 지식에도 플랫폼 지식이 있다. 기반 지식을 말한다. 보통 기반이 튼튼하면 그 위에 무언가를 높이 올리기 쉽다. 세일즈에서도 마찬가지로 세일즈 지식에 밑바닥이 되는 플랫폼 지식을 먼저 익히는 것이 효과적인 학습법이다.

세일즈의 성과는 구매라는 고객의 행동으로 이어질 때 완성된다. 그렇다면 행동은 무엇이 결정할까? 마음이라 생각하는가? 맞는 말이다. 흔히 행동은 마음먹기에 달렸다고 하니까. 그렇다면 마음은 어디에 있을까? 가슴이라고? 가슴에는 몸에 혈액을 공급해주는 심장 펌프밖에 없다. 그래서 착각하기 쉽지만 실제로 마음은 우리 뇌brain 안에 있다. 따라서 상대의 마음을 움직이고 싶다면 뇌의 작동 원리를 이해하는 것이 도움이 된다.

세일즈에 도움이 되는 뇌의 작동 원리를 세 가지 플랫폼 지식으로 정리했다.

망각이 기본, 기억은 예외

사람들이 상품이나 서비스를 구매할 때 어떤 행동 단계를 거치는지 설명한 모델로 광고계에서 격언으로 불리는 'AIDMA 법칙'이 있다.

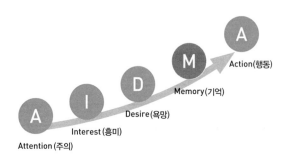

그림 AIDMA: 구매 행동 5단계 법칙

여기서 강조하고 싶은 키워드가 있다. 구매 행동의 전 단계인 '기억 memory'이다. 잠재고객이 상품에 집중하고 흥미도 느껴 구매하고자 하는 욕구가 생겼다 할지라도, 그 상품을 기억하지 못한다면 구매 행동으로는 이어지지 못한다. 세일즈맨이 기대하는 고객의 행동 변화는 없으니 이 세일즈는 결국 실패한 셈이다. 자신이 전달하려는 메시지를 고객의 마음속(정확히는 뇌)에 기억으로 남기는 것이 중요한 까닭이다.

뇌과학자들도 우리가 하는 모든 감정과 행동은 기억에서 비롯된다고 한다. 이 말을 반대로 해석하면 기억이 없으면 아무 일도 할 수 없다는 의미다. 사람에 대한 기억이 없으면 그 사람에 대한 감정도 없고 운전에 대한 기억이 없으면 운전을 할 수 없는 법이다.

그렇다면 우리의 기억 능력은 어느 정도일까? 잠깐 테스트해보자. 어제 가족이나 동료와 나눈 이야기 중에서 기억나는 것은? 아마 그다지 생각나지 않을 것이다. 조금 더 뒤로 가보자. 한 달 전에는? 고개 젓는 모습이 보인다. 그렇지만 너무 낙담하지는 말자. 당신만이 아니라 우리 모두의 모습이기도 하니까 말이다. 왜냐하면 우리 뇌는 잊어버리는 것을 기본값으로 하고 있기 때문이다. 오히려 기억이 예외적인 현상일 뿐이다.

실제로 우리는 얼마나 오래 기억할까? 이에 관한 가장 유명한 연구 결과가 바로 아래 에빙하우스H. Ebbinghaus의 망각 곡선이다. 20분만 지나도 기억의 비율은 58퍼센트로 급강하하고, 한 달만 지나면 머릿속에 남는 것은 21퍼센트밖에 없다는 것이다.

그림 **망각 곡선**

하루가 지나면 학습한 것의 50~80퍼센트, 한 달이 지나면 97~98퍼센트까지 잊어버린다고 말하는 사람도 있다.

고객은 세일즈맨이 전달하는 내용을 거의 기억하지 못한다고 생각하자. 그것이 오히려 현실적이다. 만약 고객이 꼭 기억해야 할 내용이라면 '반복'해야 한다. 기억을 공고화하기 위해서는 반복밖에 없다. 그래서 세일즈 글을 쓸 때에도 핵심 메시지를 의도적으로 반복해야 한다.

플랫폼 지식 2 익숙함을 좋아하는 뇌

호두같이 생긴 우리 뇌는 무게로 보면 몸에서 차지하는 비율이 2퍼센트밖에 되지 않지만 몸에 들어오는 전체 에너지의 20퍼센트를 소비한다. 20퍼센트라, 정말 높은 수치다! 그런데 뇌가 에너지를 사용하는 데는 문제가 하나 있다. 뇌에 들어오는 에너지 공급량이 제한적이라는 점이다. 에너지를 소비할 일은 많은데 공급에 제한이 있다면 에너지를 어떻게 사용해야 할까? 그렇다. 효율적으로 사용해야 한다. 이것을 '인지적 효율성 추구 원리'라 한다.

효율성 추구 원리에 따라 뇌는 에너지 사용을 가능한 한 최소화하려고 한다. 그렇다면 우리 뇌에서 에너지 사용이 가장 높은 활동은 무엇일까? 바로 주의 attention 다. 무엇인가에 주의를 집중한다는 것은 뇌의 입장에서 보면 많은 에너지가 소모되는 일이다. 에너지 공급이 유한한 우리 뇌는 모든 자극에 대해 주의를 하지도 않고 할 수도 없다. 망각이 기본인 이유도 여기에 있다. 기억하는 데에는 주의가 필요하기 때문이다.

인지적 효율성을 추구하는 뇌의 작동 원리가 우리가 의사결정을 할 때 에너지 소모가 적은 사고처리 방식을 선호하게 만들었다. 그 방식은 고정관념, 스키마schema, 편향bias 이라고 불린다. 일상에서 대부분의 의사결정에 무의식적으로 사용되는 방식이다. 에너지 소모가 적고 처리 속도도 빠른 것이 장점이지만, 주의 없이 진행되다 보니 부정확한 결정이 되기도 한다. 세일즈를 할 때는 편향을 잘 활용해야 한다. 적은 비용으로도 고객이 거의 의식하지 못하는 사이에 고객의 구매 심리를 자극할 수 있기 때문이다. 세일즈 글쓰기를 할 때 활용도가 높은 심리적 편향은 2부 '영업의 고수는 심리학을 안다'에 정리했다.

플랫폼 지식 3 이미지로 보여줘야 한다

뇌가 외부에서 받은 정보를 처리하는 과정을 인지 프로세스cognitive process 라고 한다. 인지 프로세스는 감각의 입력에서 시작된다. 이때 우리가 가장 잘 사용하는 감각은 무엇일까? '시각'이다. 또한 시각으로 들어온 정보를 다른 감각에서 들어온 정보보다 더 신뢰한다. 우리는 시각을 우선으로 하는 시각의 동물이다.

이를 뇌과학적으로도 설명할 수 있다. 우리 뇌의 감각피질의 50퍼센트 이상이 직간접적으로 시각 처리와 관련되어 있다. 시각 처리에 이렇게 많은 영역이 관여하고 있다는 것은 그만큼 그 기능이 발달했고 자주 사용된다는 의미. 정보 처리 면에서는 우리 뇌에 들어오는 정보의 대략 90퍼센트는 시각으로 처리한다고 한다(그림 '시각정보 처리 비율 및 관련 뇌 영역' 참고). 초당 1100만 비트의 정보가 우리 뇌로 들어올 때, 눈으로 들어오는 양은 1000만 비트, 귀로는 10만, 혀로는 1000비트의 정보가 들어오는 셈이다.

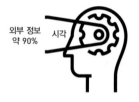 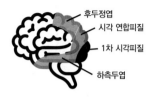

그림 **시각정보 처리 비율 및 관련 뇌 영역**

여기에 더해 정보가 어떤 감각 채널로 들어오든 뇌가 해석할 때는 이미지로 변환시켜 이해한다고 한다. 처음 들어보는 단어나 이미지가 떠오르지 않는 말은 이해하기가 불가능하다는 것이다. 백문이 불여일견이라 했듯이 고객이 기억하길 바란다면 가능한 한 이미지로 보여주어야 한다.

뇌과학 연구에 따르면 그림을 단지 10초만 보더라도 2500개 이상의 그림 중 적어도 90퍼센트 이상 기억할 수 있다고 하며, 1년 뒤에도 기억의 정확도는 63퍼센트 수준을 유지했다고 한다.

이미지를 만들 시간이 부족하다면 고객이 머릿속에서 이미지로 쉽게 상상할 수 있게 표현해야 한다. 예를 들어, "이 제품은 관절염에 좋습니다."라고 제품을 소개하는 것보다 "이 제품을 드시면 손자와 손잡고 뒷산을 웃으며 올라갈 수 있습니다."라고 표현하는 것이 이미지 형성에 효과적이다. 고객이 기억하지 못하면 세일즈맨의 어떤 노력도 의미가 없다. 열심히 노력한 본인으로선 참 씁쓸한 일이겠지만 말이다.

자, 그런데 고객의 행동 변화를 목적으로 하는 세일즈에서 좋은 글이란 어떤 글을 말할까? 고객이 잘, 그리고 오래 기억하는 글이다.

글의 내용이 아무리 좋다 하더라도 고객이 기억하기 어렵거나 금방 잊어버린다면 그 글은 실패한 것이다. AIDMA 모델에서 구매 행동의 직전 단계가 기억이었던 것을 기억하자. 그런데 우리 뇌는 망각이 자연스러운 현상이고 기억은 예외적인 것이다(플랫폼 지식 1). 성공한 세일즈란 고객의 머릿속에 기억이라는 예외를 만들어 고객이 구매 행동을 하도록 하는 것이다. 따라서 기억을 만드는 것에 세일즈의 성패가 달려 있다고 해도 과언이 아니다. 이것이 바로 '기억'이란 단어에서 세일즈 글쓰기를 시작하는 이유다.

'기억이 잘되는 글은 다음의 여섯 가지 특징을 가지고 있다(이 부분은 말을 할 때도 대부분 동일하게 적용할 수 있다). 다음 장에서부터 하나씩 살펴보도록 하자.

기억이 잘되는 글의 특징

1. 주의 집중이 잘된다
2. 문장이 짧고 간결하다
3. 이미지로 떠올리기 쉽다
4. 내용이 이해하기 쉽다
5. 생각하게 만든다
6. 감정과 결합시킨다

3장
주의 집중의 기술,
의미 있거나 새롭거나

의미: 누구에게 '의미'가 있어야 할까?

오랜만에 맑은 하늘이 보여 공원이 사람들로 북적인다. 신나는 배경 음악들이 공원을 가득 메우고 있다. 가족끼리 연인끼리 모인 사람들은 쉼없이 떠들며 아내와 이야기하는 당신 곁을 지나간다. 그런데 어디에선가 당신의 이름이 들리는 것 같다. 자신도 모르게 그쪽으로 고개가 돌아간다.

많은 사람들이 유사한 경험을 겪었을 것이다. 꼭 공원이 아니더라도 소음이 많은 시끄러운 공간에서 문득 주변에서 들린 자신의 이름에 반응한 경험 말이다. 칵테일 파티 효과cocktail party effect다. 칵테일 파티 효과란 파티장이나 공원 같은 잡음이 많은 공간에서도 어디선가 자기의 이름이 들리면 그쪽으로 주의를 집중하는 현상을 말한다. 자신에게 의미 있는 것에 대해 선택적으로 지각하여 주의하기에 발생하는 현상이다.

꼭 말만 선택적으로 주의하는 것이 아니다. 글을 읽을 때도 마찬가지다. 간단한 실험 한 가지를 해보자. 아래 기사 제목들을 보라. 눈이 어떤 글에 먼저 가는가? 당신이 구직자라면 '취업자수 증가' 글에, 아르바이트생이라면 '최저임금 올려준 자영업자' 글에, 공무원 시험을 준비하는 사람은 '9급 공채 개편' 글에 눈이 먼저 갈 것이다. 아, 물론 코골이가 심해 배우자에게 구박받고 있다면 코골이 광고가 반가울 테지만 말이다. 난 50대에 접어들면서부터 일기예보는 놓치지 않고 보는 편이다!

트럼프 "김정은, 아름다운 친서 보내"

취업자수 증가 다시 20만 명대

최저임금 올려준 자영업자 30퍼센트뿐

'심부름꾼 친구'는 숨질 때까지 맞았다

9급 공채 개편 앞둔 노량진 공시생 불안감 엄습

코골이 심하다면? 지금이 검사받을 적기!

내일 인천 23, 대구 20도씨…

이렇게 각자 선택한 글은 다르지만 선택 기준은 같다. 첫 번째 기준은 '의미'다. 다양한 기사 중 먼저 읽어본 것은 자신에게 의미가 있는 것이다. 인지적 효율성을 추구(플랫폼 지식 2)하는 우리 뇌의 작동 원리를 기억하자. 귀중한 인지적 자원을 의미 없는 정보를 처리하는 데까지 소모할 수는 없기 때문이다. 내 경우, 9급 공채 개편 같은 기사를 읽을 일은 거의 없다. 딸들이 커서 공무원 시험을 준비하여 시험

정보에 의미가 생기기 전까지는 말이다.

여기서 묻고 싶은 것이 있다. 세일즈에서 '의미'란 누구에게 의미가 있어야 한다는 말일까? 당연히 고객이다! 너무 뻔한 질문이라고 생각하는가? 그런데 세일즈 현장에서는 주객이 전도되는 경우가 종종 목격된다.

어느 지자체의 청렴 캠페인에서 사용한 다음 문구를 보자. 소속 공무원들의 청렴한 행동을 촉진할 목적으로 진행하는 이 캠페인도 세일즈다. 누군가의 행동 변화를 위해 설득하거나 설명하는 활동이라면 어디서 하든 어떤 형태로 하든 세일즈라고 할 수 있다.

일할 땐 청렴하게, 청탁엔 냉정하게!
청렴하게! 떳떳하게! 당당하게!

공무원이 청렴해야 한다는데 반대할 시민은 없다. 문제는 글이 부착된 위치이다. 공무원들이 일하는 곳이 아니라, 주로 시민들이 대기하는 공간에 캠페인 포스터가 걸려 있었다. 시민들에게 이 포스터가 무슨 의미가 있을까? 당신이라면 이 글에 눈길을 주겠는가?

글은 전달하는 사람(세일즈맨)이 아니라 전달 대상(고객)에게 의미가 있어야 한다. 따라서 지금 고객이 무엇에 의미를 두고 있는지 파악하는 것에서 세일즈 글쓰기가 시작되어야 한다. 고객 산업 동향을 조사하거나 필요하면 고객에게 직접 질문하는 것도 좋은 방법이다. 당신이 생각했던 것보다 고객은 잘 대답해줄 것이다. 설령 기대했던 대답은 받지 못했더라도 최소한 고객에게 호감은 얻을 순 있다. 자신의 고민에 관심을 표해준 사람을 누가 싫어하겠는가? 정중하고 프로답게 접근만 한다면 말이다. 밑져야 본전도 아니고 무조건 이익이다. 정도의 차이만 있을 뿐. 해보자!

한 가지 유용한 팁이 있다. 글을 쓸 때 자신의 앞에 고객이 있다고 상상하는 것이다. 문장이나 단락이 끝날 때마다 고객이 "그래서 그게 나한테 어떤 의미가 있는데요?"라고 묻는 모습을 상상하고 그 질문에 얼마나 충실하게 답을 적었는지 셀프로 점검해보자. 점검 과정 속에서 자연스럽게 관점이 자신이 아닌 고객으로 이동하게 된다.

새로움: 기존 패턴에서 벗어나라

주의 집중의 두 번째 요소는 새로움이다. 새로움은 기존 패턴에서 분리되는 것을 말한다. 패턴에서 벗어나는 정도가 클수록 새로움을 느끼는 정도도 커지게 된다.

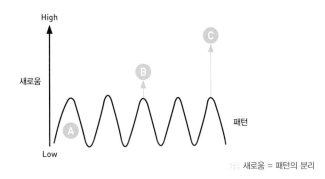

그림 새로움 = 패턴의 분리

우리 뇌는 새로운 것에 대해서는 무의식적으로 주의를 기울이는 시스템을 가지고 있다. 인류 진화 과정에서 비롯되었다고 한다. 원시 시대의 힘없고 나약했던 인류에게 새로움을 얼마나 빨리 인식하고 기억하는지는 생존과 직결된 문제였기 때문이다.

수많은 하얀 소들 속에 또 하나의 하얀 소가 들어간다. 그때 그 소에 주의 집중을 하는 사람이 있을까? 기존 패턴에서 벗어나는 새로움이 없다(A). 반면 보랏빛 소가 들어간다면 어떨까? 주의 집중을 하지 말라고 해도 하게 된다. 무의식적이고 자동적인 반응이다. 보랏빛은 하얀 패턴에서 분리된 정도가 크다. 새로움도 커진다(C). A와 C 중 어느 쪽이 세일즈에 효과적일까? 고객의 주의 집중이 높아진 C다. 세계적 마케팅 구루로 불리는 세스 고딘Seth Godin은 C처럼 패턴에서 완전히 벗어나 '리마커블remarkable할' 정도로 새로운 것을 보랏빛 소purple cow라고 불렀다.

고객이 새로움을 느껴 당신의 글을 보랏빛 소로 기억하게 만들자. 남들과 똑같은 글로 고객에게 또 하나의 하얀 소로 인식되는 것은 절대 피해야 한다. 세일즈 성과로 보면 하얀 소는 사망 선고를 받는 것과 같다. 반면에 고객이 의미를 느끼는 것과 새로움을 결합한다면 세일즈의 반은 성공한 것과 같다. 세일즈 성과에 결정적 영향을 미치는 고객의 주의를 확실히 얻었기 때문이다. 기억하자. 주의 집중은 의미 있거나, 새롭거나! 물론 둘 다 잡는다면 금상첨화일 것이다.

글쓰기의 시작! 고객의 눈으로 바라보는 습관

'자라 보고 놀란 가슴 솥뚜껑 보고 놀란다.'라는 속담이 있다. 자라에게 물려 고생한 기억이 있는 사람(A)은 자라와 비슷한 솥뚜껑만 보더라도 놀란다는 말이다. 반대로 자라로 인해 아파본 기억이 없는 사람(B)이라면 솥뚜껑 보고 놀랄 일도 없다. 만약 솥뚜껑 보고 놀란 A가 그 이유를 열심히 설명해도 B는 공감하기 쉽지 않다. A와 같은 기억이 없기 때문이다. 그 사람과 같은 경험을 해보지 않으면 그 사람의 마음을 알지 못한다. 같은 경험이 많을수록 공감할 가능성도 많아진다.

고객은 세일즈맨이 자신과 공감하고 있다는 느낌을 받기take 전까지는 세일즈맨의 말이나 글에 관심을 주지 않는다. 주는 것이 아니라 받는 것이 먼저라는 말이다. 기브 앤 테이크give and take 가 아니라 테이크 앤 기브take and give 가 세일즈 현장에서 고객이 실제로 보여주는 행동 패턴이다. 모든 것을 다 받지도 않는다. 원하거나 필요해서 관심이 있는 것만 선택적으로 받는다. 세일즈 글에서 자신이 원하거나 필요한 것을 발견할 때 세일즈맨이 자신과 공감하고 있다는 것을 느낀다. 세일즈가 올바른 궤도 위에 올라탄 결정적 순간이다. 이때부터 고객은 세일즈 글에 대해 흥미를 느끼고 읽기 시작한다.

그런데 고객과 같은 경험이 없는 세일즈맨이 고객이 원하거나 필요한 것을 어떻게 알 수 있을까? 역지사지 易地思之 의 자세로 고객의 입장에서 생각하면 도움이 된다. 간접적으로나마 고객과 같은 경험을 하는 셈이다. 다음 질문들에 대해 고객의 입장에서 답해보자. 자연스럽게 역지사지를 경험하게 될 것이다.

- 요즈음 고객이 가장 두렵게 생각하는 것은 무엇인가?
- 불필요하게 고객의 시간과 자원을 소모하게 만드는 것은 무엇인가?
- 예산의 제약이 없다면 고객이 정말 해보고 싶은 것은 무엇일까?
- 고객이 내 글을 읽어야 할 이유를 점수로 환산하면 몇 점인가?(최저 1점, 최고 10점) 그렇게 생각하는 근거는 무엇인가? 어떤 점을 보완하면 최고점을 줄 수 있을까?
- 고객이 내가 팔려고 하는 것과 비슷한 제품을 구매할 때 가장 신경 쓰는 부분은 조직적/개인적 측면에서 무엇인가?

이렇게 자신이 작성한 세일즈 글을 받아볼 고객의 입장에서 위의 질문에 대답해보면 고객의 생각이나 반응을 예상하기 쉽다.

4장

짧으면 짧을수록 좋다,
기억하기에는!

2019년 어느 날 모처럼 여유가 생겨 세계 청소년 축구 하이라이트를 보고 그때 감동을 다시 한번 느끼고 싶어 소파에 있는 리모컨을 눌러 TV를 켰는데 갑자기 둘째가 좋아하는 '여자친구'라는 아이돌 그룹이 노래하는 장면이 나와 아이와 리모컨 쟁탈전이 벌어졌다.

위의 글을 읽은 느낌은 어떤가? 읽기에 쉽지 않았을 것이다. 무슨 내용인지 기억하기도 어렵다. 이유가 무엇일까? 글이 한 문장으로 쉼없이 이어져 있기 때문이다. 이런 만연체는 기억에 매우 비효과적이다. 말이나 글은 짧을수록 기억하기 쉽다. 우리 뇌가 기억하는 방식 때문이다.

우리 뇌는 외부에서 들어온 모든 정보를 처리하지 않는다(아마 그랬다가는 뇌가 과부하로 멈출 것이다!). 수많은 정보 중 일부만 선택하여 기억의 방으로 보낸다. 기억의 방은 두 종류가 있다. 선택된 정보가 임시로 머무는 '작업 기억working memory'의 방과 최종 목적지인 '장기 기억long-term memory'의 방이다. 의식한 정보가 장기 기억으로 가기 위해선 작업 기억의 방을 거쳐야 한다.

그런데 문제는 정보를 단기간 기억하고 처리하는 작업 기억의 용량이 제한적이라는 것이다. 다음 숫자를 외워보자. 각 번호당 외우는 시간은 15초로 동일하다.

① 6 9 4

② 5 3 8 1 6

③ 8 9 3 4 7 5 6

④ 6 5 8 4 2 6 9 7 1

⑤ 2 8 3 6 9 4 5 7 2 1 8 7

①과 ②를 기억하기는 쉽다. ③도 크게 힘들지 않게 기억할 수 있다. ④는 상당한 노력을 기울이면 기억할 수도 있지만 대부분 실패한다. ⑤ 정도면 특별한 기억력이 없으면 거의 불가능한 수준이다. 일상에서 이 정도 숫자를 보면 기억하려는 시도조차 하지 않을 것이다.

매직 넘버 7, 정보는 일곱 개 이하로

우리가 쉽게 기억할 수 있는 것들(①, ②, ③)에는 공통점이 있다. 처리해야 할 아이템 수가 일곱 개 이하다. 기억의 '매직 넘버 7'로 알려진 이 숫자가 우리 뇌의 작업 기억 용량이기도 하다. 매직 넘버 7을 발견한 프린스턴대 조지 밀러George A. Miller 교수의 연구에 의하면 사람들이 단기간에 기억할 수 있는 정보, 즉 작업 기억이 처리할 수 있는 아이템의 개수는 7±2개라고 한다.

마트에서 구입한 야채를 냉장고에 저장해야 한다. 단, 규칙이 있다. 반드시 도마에서 손질된 야채만 옮길 수 있다. 여기서 야채가 아이템이고 냉장고는 장기 기억에 해당한다. 그렇다면 작업 기억은 어디일까? 도마다. 도마에 담을 수 있는 야채의 개수가 7±2개다. 그런데 전혀 접해본 적 없는 새로운 야채라면 손질하는 데 시간이 더 걸린다. 도마에서 한 번에 네 개 이상 처리하기 버겁다.

고객도 알고 있는 내용이라면 한 번에 전달하는 아이템을 일곱 개 이내로, 만일 새로운 것이라면 네 개 이내로 줄여야 한다. 도마에 올려진 야채가 적으면 적을수록 냉장고에 빨리 저장되는 것처럼, 글도 짧으면 짧을수록 기억에 효과적이다.

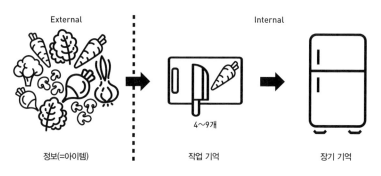

그림 장기 기억으로 가는 길

외부 정보는 작업 기억의 도마를 통과하지 않고서는 장기 기억에 도달할 수 없다. 세일즈맨이 고객의 작업 기억 용량보다 더 많은 정보를 한꺼번에 제시하면 도마는 과부하가 걸리며, 결국 전체 정보 중 일부만 처리되어 장기 기억에 저장된다. 세일즈맨은 글에 쓴 많은 것들을 고객이 기억하기 원하겠지만 작업 기억을 제대로 통과하지 못한다면 절대로 기대하는 결과를 얻을 수 없다. 작업 기억을 통과하는 가장 효과적인 방법은 글을 짧고 간결하게 적는 것이다.

2019년 어느 날, 모처럼 여유가 생겼다. 세계 청소년 축구 하이라이트를 보고 싶었다. 그때 감동을 다시 한번 느끼고 싶었기 때문이다. 소파에 있는 리모컨을 눌러 TV를 켰다. 갑자기 둘째가 좋아하는 '여자친구'라는 아이돌 그룹이 노래하는 장면이 나왔다. 아이와 리모컨 쟁탈전이 벌어졌다.

어떤가? 처음보다 읽기 편하지 않은가? 작업 기억 용량에 맞게 문장을 짧고 간결하게 고쳤기 때문이다. 긴 문장은 나누고 각 문장당 사용되는 단어(아이템)의 수도 아홉 개를 넘지 않게 했다. 만약 문장을 나누기 힘들다면, 중간에 쉼표를 넣는 것도 좋은 기억 방법이다.

내 글을 고객이 기억하지 못한다고 탓하기 전에, 자신의 글이 기억 원리에 반하는 건 아닌지 점검해보자. 물론 그 기준은 '짧고 간결하게'다.

5장

무조건 쉽게,
중학생도 이해할 수 있는 수준으로

세일즈 글은 글을 쓴 사람이 아니라 읽는 사람이 편하게 읽고 이해하기 쉬워야 한다. 그렇다면 어느 수준에서 글을 쓰면 좋을까? 물론 세일즈 분야별로 이에 대한 답은 다를 것이다. 그러나 대개 중학교 1학년 정도의 학생을 대상으로 글을 쓴다고 생각하면 도움이 된다. 전문직을 대상으로 하는 세일즈 글도 사용하는 용어와 일부 표현의 차이를 제외하면 메시지 전달 원리는 동일하다.

중학생 아이를 이해시키듯이, 고객을 이해시키기 위해서 글은 무조건 읽기 쉽게 적어야 한다. 그런데 이것이 말처럼 쉽지 않다. 무엇이 글을 자신의 의도와는 달리 이해하기 어렵게 만들까? 읽기 쉬운 글을 적기 위해서는 다음 세 가지 내용에 유의하자.

1. 어려운 전문 용어 사용하지 않기
2. 주어와 서술어 일치시키기
3. 이중 부정문은 긍정문으로 표현하기

고객도 아는 지식일 거라는 착각

먼저 상대가 모르는 어려운 전문 용어는 사용하지 않는다. 너무나 당연한 말이고 자신에겐 해당되지 않는 말이라고 생각하는가? 과연 그럴까? 우리들 누구라도 '지식의 저주'로부터 자유로운 사람은 없다. '지식의 저주'란 자신에게는 너무나도 익숙한 것이어서 다른 사람들도 당연히 알고 있을 거라 생각하는 데서 발생하는 문제를 말한다.

1990년 엘리자베스 뉴턴 Elizabeth Newton 의 실험이 유명하다. 뉴턴은 연구에 참석한 사람들을 A, B 그룹으로 나누고 A그룹에게 누구나 알 만한 노래를 말은 하지 않고 책상을 두드리며 연주해보라고 했다. B그룹에게는 책상에서 나는 소리만 가지고 A그룹이 어떤 노래를 연주하고 있는지 추측해달라고 요청했다. 정답을 맞힌 비율은 2.5퍼센트에 불과했다. 그런데 재미있는 사실은 A그룹이 예측한 B그룹이 정답을 맞힐 확률은 무려 50퍼센트였다는 것이다. 2.5퍼센트 대 50퍼센트! 이런 괴리 현상을 '지식의 저주'라고 한다.

지식의 저주가 생긴 이유를 살펴보자. 곡명을 알고 있는 A그룹은 연주하는 노래의 리듬과 멜로디가 쉽게 머릿속에 회상되었다. 그 때문에 B그룹도 당연히 그럴 것이라 여기고 그들도 어렵지 않게 답을 맞힐 수 있을 것이라고 지레짐작했다.

자신의 분야에서 오래 근무하고 아는 것이 많은 세일즈맨일수록 글을 쓸 때 '지식의 저주'에 빠지기 쉽다. 사례의 A그룹이 연주한 노래처럼 자신에겐 너무도 당연한 용어들이기 때문에 글을 읽는 상대의 수준을 생각하지 않고 곧잘 사용하게 되는 것이다. 상대는 세일즈맨의 의도와는 달리 글을 이해하기 어려워진다.

또한 주어와 서술어를 반드시 일치시켜야 한다. 주어와 서술어가 일치되지 않는 문장은 무슨 의미인지 이해하기 힘들다. 다음 문장을 잘 읽어보라.

귀사의 영업 실적은 저희가 제공하는 차별화된 IT서비스를 통해 두 배로 만들겠습니다.

읽기는 어렵지 않은데 즉각적으로 의미를 이해하기는 쉽지 않다. 주어와 서술어가 일치하지 않기 때문이다. 일치 여부를 확인하는 가장 좋은 방법은 주어와 서술어만으로 말이 되는지 알아보는 것이다. 위의 문장에서 주어는 '영업 실적은'이고 서술어는 '만들겠습니다'이다. 두 말을 붙여보면 '영업 실적은 만들겠습니다'가 된다. 말이 되는가?

세일즈 글은 의도적인 문법 파괴가 장려되는 '시'가 아니다. 다시 말하지만 읽는 사람이 쉽게 이해하지 못하는 글은 결코 좋은 글이라 할 수 없다. 주어와 서술어를 일치시켜 위의 문장을 바꿔보면 다음과 같다.

저희가 제공하는 차별화된 IT 서비스는 귀사의 영업 실적을 두 배로 올려드립니다.

어떤가? 한결 쉽게 이해되지 않는가? 주어와 서술어가 일치하지 않는 문장이 반복적으로 나온다면 그 글을 이해하기는 쉽지 않다.

마지막으로 이중부정문은 긍정문으로 표현하자. 훨씬 이해하기 쉬운 글이 된다.

- 오늘까지 연락 주지 않으면 구매하실 수 없습니다.
→ 오늘까지 연락 주셔야 합니다.
- 귀사의 가장 중요한 판단 기준은 품질이 아니라고 말하지 못하실 겁니다!
→ 귀사의 가장 중요한 판단 기준은 품질입니다.

읽기 쉽고 이해하기 쉬운 글을 쓰려면 먼저 글에 담은 내용을 세일즈맨 자신이 완전히 이해하고 있어야 한다. 자신도 분명하게 이해하지 못한 내용을 글로 적으면 글은 쓸데없이 길어지고 복잡해지기 십상이다. 읽는 사람에게는 더욱 이해하기 어려운 글이 된다.

세일즈 글쓰기의 가장 중요한 목표는 상대가 그 글을 읽은 뒤 세일즈맨이 의도하는 행동이나 태도 변화를 보이는 것이다. 구매 행동 또는 구매 문의 같은 행동이거나 상품이나 세일즈맨에 대한 호감을 향상시키는 것이 세일즈 글쓰기의 핵심 과제인 것이다. 그런데 글의 내용이 아무리 좋더라도 정작 읽은 사람이 이해하고 기억하기 어렵다면 어떻게 될까? 자신의 만족을 위해서가 아니라 상대의 변화를 목적으로 하는 세일즈 글의 관점에서 보면 실패한 글쓰기다.

뇌과학으로 본 단순한 메시지와
복잡한 메시지의 차이

기대하지 못한 소득이나 선물을 받았을 때는 우리 뇌 속에서 밝게 빛나는 부위가 있다. 쾌감과 보상 중추인 측좌핵 nucleus accumbens 이다. 반대로 고통과 통증의 중추 부위도 있다. 전두엽 바로 아래에 있는 뇌섬엽 insula 이다. 뇌섬엽은 치통 같은 물리적 아픔을 느끼거나 내기에서 돈을 잃어버리거나 연인과 헤어질 때 느끼는 심리적 아픔을 경험할 때 활성화된다.

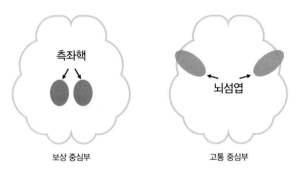

그림 뇌 속의 보상과 고통 중심부

뇌의 가장 기본적인 작동 원리는 고통은 피하고 쾌감은 늘리는 것이다. 이 원리를 기반으로 단순한 메시지와 복잡한 메시지가 우리 뇌(특히 고객 뇌)에 어떤 영향을 끼치는지 알아보자.

먼저 아래 두 가지 형태의 메시지를 읽어보자. 어느 쪽이 읽기 편했는가?

A

팥 함유량을 높여
더욱 달고 영양분이
강화된 팥소를 사용하여
한층 업그레이드된 맛을
자랑하는 찐빵에
돈을 쓰세요!

B

더 맛있고 건강에도
좋아진 찐빵 사세요!

그림 메시지 비교(복잡함 vs. 단순함)

아마 대다수는 B라고 답할 것이다. A를 읽을 때 여러분의 뇌는 상당히 힘들고 고생할 것이다. 읽기 힘든 글씨체의 긴 문장을 이해하기 위해 인지적 에너지를 많이 투입해야 했기 때문이다. 울퉁불퉁한 비포장도로를 걸을 때처럼 힘이 든다. 반면에 B는 읽기도 쉽고, 그림이 있어 이해하기도 쉽다. 메시지 파악에 힘이 적게 든다.

A와 B의 차이는 메시지의 표현 형태이다. 복잡함과 단순함 말이다. 혹시 '이 정도 차이가 무슨 대수지?'라고 생각하는가? 그렇지 않다. 뇌

과학 연구에 따르면 A처럼 메시지가 복잡해 이해하기 힘들 때는 뇌의 고통 중심부가 활성화되고 B처럼 단순한 메시지를 읽을 때는 쾌감을 느껴 보상 중심부 활동이 촉진된다고 한다.

문제는 고통은 피하고 쾌감은 늘리려는 뇌의 작동 원리에 있다. 고객의 뇌도 당연히 이 원리에 따라 고통을 유발하는 자극(여기서는 복잡한 메시지)은 피하려고 한다. 자극을 피하는 형태는 다음 두 가지 중 한 가지로 나타난다.

- 자극이 들어오지 못하게 한다 → "무슨 말인지 모르겠네. 다음에 시간 될 때 천천히 봐야지."(물론 '다음'은 없다)
- 자극에 비판적으로 대응한다 → "말도 안 되는 소리 하고 있네! 더 이상 읽을 가치도 없어!"(실제로는 '가치'가 있다)

반면 B와 같이 보상 중심부를 활성화시켜주는 단순한 메시지를 접하게 되면 정반대의 상황이 벌어진다.

인지적 효율성을 추구하는 우리 뇌는 가능한 에너지를 적게 쓰려 하고, 그것을 보상으로 여기는 경향이 있기 때문이다. 따라서 복잡한 텍스트를 고객이 머리를 써서 읽어주기를 기대하지 말고, 이미지나 사진, 그림 등으로 가능한 단순하게 표현하자. 고객의 뇌는 그것을 보상으로 여기고, 그 보상이 당신의 세일즈에 긍정적 영향을 미친다.

6장

이미지로
기억하게 하라

공부하랴 동영상 보랴 늦게 잠드는 고등학생 딸을 일찍 깨우는 일은 전쟁과 같다. 학교에 가기 위해 어쩔 수 없이 일어나면서도 계속 투덜거린다. 참다못해 한마디 했다.

"너 그렇게 늦게 자면 뇌에 있는 해마가 손상될 수 있어. 그러면 기억하거나 집중하기가 정말 힘들어져!"

그런데 아이는 눈만 깜박거리며 이해하지 못하겠다는 식으로 대꾸한다.

"해마가 뭔데? 그래서?"

지금 좋아하는 과일을 생각해보라. 무엇이 떠오르는가? 그 과일의 이름보다 이미지가 먼저 떠오를 것이다. 서울에서 부산으로 여행을 간다고 상상해보자. 무엇이 먼저 생각나는가? 붐비는 기차역, 시원한 바다, 맛있는 음식들이 머릿속에서 파노라마처럼 펼쳐진다. 이미지로 말이다. 왜 글이 아니라 이미지일까? 우리 뇌가 정보를 기억으로 저장하는 최종 형태가 이미지이기 때문이다(그래서 기억을 회상할 때는 저장된 이미지가 나온다).

　정보가 이미지로 저장되는 과정을 조금 더 살펴보자. 뇌는 감각기관을 통해 들어온 정보와 유사한 이미지를 뇌 안의 기억 창고에서 먼저 불러낸다. 이 이미지를 심리학에서는 심상心象이라 한다. 심상이란 어떤 정보를 떠올릴 때 마음속(정확히는 뇌)에 나타나는 이미지를 말한다. 새로운 정보는 이 심상과 비교된 후 변형 이미지로 만들어진다. 그것이 새로운 기억으로 뇌에 저장되는 것이다. 텍스트 정보든 이미지 정보든 모든 정보를 기억으로 처리하는 과정은 동일하다.

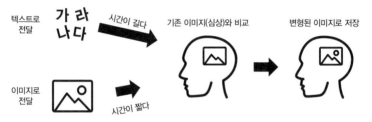

그림 뇌가 외부 정보를 기억하는 방식

　여기서는 다음 두 가지만 기억하자. 첫째, 이미지로 전달할 때 정보는 훨씬 빠르고 쉽게 기억된다. 둘째, 심상이 없는 정보는 기억될 수 없다. 다음의 단어를 한번 외워보자.

　A. 딸기, 자동차, 나무, 시계, 사자, 안경, 장미

외우기 그리 어렵지 않았을 것이다. 아이템의 개수가 일곱 개로 작업 기억이 감당할 수 있는 수준이다. 그래도 외우기 어려웠다면 다

음을 본 뒤 다시 말해보자.

이번엔 한결 외우기 쉬웠을 것이다. 텍스트와 달리 이미지로 직접 정보를 전달받으면 우리 뇌 안에서 이미지 처리 작업이 줄어들게 된다. 그 결과 시간이 단축되고 기억이 쉬워진다.

글자와 말은 이미지보다 기억 효율이 훨씬 떨어진다. 이미지 없이 전달한 정보의 경우, 72시간이 지나면 사람들은 10퍼센트 정도를 기억한다. 그러나 이미지를 덧붙여 전달하면 기억하는 비율이 무려 65퍼센트까지 올라간다고 한다.

오해는 하지 말자. 모든 정보를 이미지로 만들어야 한다는 의미는 결코 아니다(세일즈맨에게 항상 시간이 부족하다는 것을 잘 알고 있다. 나 역시 세일즈맨이니까). 다만 고객이 꼭 기억해야 할 핵심 정보는 이미지로 표현하거나 이미지로 쉽게 연상되는 단어를 사용해야 한다. 다음의 단어도 한번 기억하려고 해보자.

B. 사랑, 겸손, 용서, 공정, 평화, 끈기, 자제

A와 달리 이번 B 단어는 기억하기 쉽지 않다. 이유는 무엇일까? A의 단어들은 보는 즉시 해당 이미지가 즉각적으로 그려지는 데 반해 B 단어는 그렇지 않다. 단어가 추상적이고 모호하기 때문이다. 시와

달리 정보의 정확성을 추구하는 세일즈 글쓰기를 할 때는 가능한 한 B 같은 추상적 단어 사용은 자제하는 편이 좋다. 이미지를 떠올리기가 쉽지 않다.

그런데 B보다 더 심한 경우도 있다. 이미지 자체가 아예 떠오르지 않는 것이다. 외부 정보를 이미지로 변형하기 위해서는 우리 뇌 안에서 심상이라는 이미지를 불러와야 하는데, 그 이미지가 존재하지 않는 경우다. 이때는 외부 정보를 이해하거나 기억하는 것 자체가 불가능하다. 다음의 단어도 외워보자.

C. 수논토라, 억벽한배, 시구망토, 돌기쭈리, 얌뿌키

외웠는가? 외운 것을 확인하기 전에 잠깐 먼저 해야 할 일이 있다. 책을 덮고 1에서 20까지 숫자를 천천히 머릿속에 그려가며 세보라. 기억 확인은 그 뒤에 하자. 얼마나 기억했는가? 한 개라도 기억하기 쉽지 않았을 것이다. 왜 그럴까?

C의 단어들은 세상에 없는 단어들이기 때문이다. 내가 글자를 임의로 조합해서 만든 단어들로 아무 의미도 없다. 글을 읽는 독자의 입장에서 보면, 처음 본 단어에 이미지(심상)를 가지고 있을 리 만무하다. 비교할 이미지가 없으니 이해하기 어렵고 기억하긴 더욱 힘든 법이다.

글을 쓸 때는 항상 고객의 눈높이에서 고객의 언어로 글을 쓰는 자세가 필요하다. 그래야 고객이 당신의 글을 이미지로 쉽게 떠올릴 수 있기 때문이다. 그들의 기억 속으로 당신의 글을 쉽고 빠르게 집어넣고 싶다면 말이다.

7장

피라미드 논리 구조가
필요한 순간

고객에게 미팅을 요청하는 글 사례 A

To. ○○○ 님,

고객님의 주문대로 제품을 제작하고 있습니다만 어려움이 많습니다. 부품1을 제공하는 A사는 사양 변경이 어렵다고 합니다. 부품2를 국내에서 독점적으로 공급하는 B사는 단가를 인상하지 않으면 부품 납품을 하지 않겠다는 공문을 보내왔습니다. 그들과 세부 협상이 필요합니다. 빠듯한 납품 일정과 숙련된 작업 인력 부족으로 품질 저하도 우려됩니다. 부품 업체와 협상하기 전에 먼저 고객님과 미팅을 하여 대응 방안을 정하는 것이 효과적일 것 같습니다. 그때 품질 문제도 함께 논의하시죠. 다음 주 중 가능한 시간이 언제인지 알려주세요.

고객에게 미팅을 요청하는 글 사례 B

To. ○○○ 님,

귀사의 주문 제품 제작을 위해서는 미팅이 필요합니다. 다음 주에 가능한 시간을 알려주세요.

두 개의 안건이 있습니다.

첫째는 부품 업체들과 협상 전 대응 방안 건입니다.

부품 공급 업체 A사는 부품1 사양 변경을, B사는 부품2 단가 인상을 요청했습니다.

둘째는 품질 문제에 관한 것입니다.

빠듯한 납품 일정과 숙련된 작업 인력 부족으로 품질 저하가 우려됩니다.

글이란 생각을 전달하는 도구라고 한다. 사례 A와 B 중 어느 글이 이해하기 쉬웠는가? 대부분은 사례 B라고 답할 것이다. 사례 B의 글이 논리적이기 때문이다. 논리적으로 글을 적었다는 것은 글의 흐름이 이치에 맞는다는 것을 의미한다. 글의 처음과 끝의 연결이 마치 강에서 물이 흘러가는 것처럼 자연스럽게 이어지므로 이해하기 쉽다. 기억에 효과적이다.

논리적 글의 주요 특징은 다음 두 가지로 요약할 수 있다.

1. 글의 구조는 핵심 메시지를 중심으로 피라미드 형태를 띤다.
2. 피라미드 각 단계의 메시지는 동일한 종류로 그룹화되어 있다.

메시지를 단계적으로 정리하는 방법

메시지를 효과적으로 기억하는 방법은 메시지를 단계적으로 정리하는 것이다. 단계적으로 정리한다는 말은 메시지의 내용에 따라 상위 단계와 하위 단계에 속하는 것을 구분하여 배열하는 것을 말한다.

조금 더 구체적으로 이야기해보자. 초두 효과에 의해 우리는 처음에 들어온 정보를 가장 잘 기억한다. 따라서 고객이 반드시 기억해야 할 핵심 메시지를 처음 단계에서 먼저 언급한다. 그 다음에 이 메시지를 뒷받침하거나 세분화한 내용으로 글을 단계별로 서술해나가면 논리적인 글이 된다. 이렇게 적은 글을 위에서 아래로 보면 피라미드 형태가 된다.

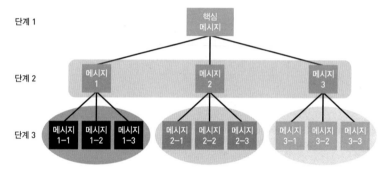

그림 논리적 글의 피라미드 구조

여기서 유의할 점은 같은 단계에 있는 메시지는 같은 종류여야 한다는 것이다. 그림에서 같은 종류는 같은 색깔로 표시하였다. 예를 들어, 메시지 1, 2, 3과 메시지 3-1, 3-2, 3-3은 동일한 종류다.

자사 제품 우수성을 강조한 글을 다음 장의 그림과 같이 썼다고 가정해보자. 어딘가 이상한 데가 눈에 들어오지 않는가? 아마 금방 찾아냈을 것이다. 논리와 맞지 않는 부분은 눈에 금방 띄는 법이니까.

피라미드 각 단계의 메시지를 같은 종류로 묶거나 잘못된 것을 쉽게 찾는 방법이 있다. 단계에 콘셉트 이름을 붙여주는 것이다. 단계1

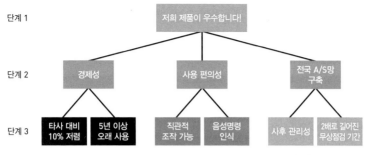

단계 1 · 저희 제품이 우수합니다!

단계 2 · 경제성 · 사용 편의성 · 전국 A/S망 구축

단계 3 · 타사 대비 10% 저렴 · 5년 이상 오래 사용 · 직관적 조작 가능 · 음성명령 인식 · 사후 관리성 · 2배로 길어진 무상점검 기간

그림 잘못된 피라미드 구조 글

의 콘셉트 이름은 정해져 있다. 핵심 메시지다. 다음 단계부터는 글 쓰는 사람 마음이다. 위의 그림을 보니 단계2는 '제품의 판단 기준' 으로, 단계3은 '구체적 근거'로 이름을 붙일 수 있겠다.

단계별 콘셉트와 맞지 않는 메시지가 '전국 A/S망 구축'이다. 경제 성, 사용 편의성 같은 제품의 판단 기준이 아니기 때문이다. 여기에 어 울리는 것은 단계3에 있는 사후 관리성이다. '전국 A/S망 구축'은 '두 배로 길어진 무상점검 기간'과 같은 종류로, 사후 관리성의 '구체적 근 거'에 해당한다. '사후 관리성'을 설명하는 단계3의 콘셉트에 어울리는 것들이다. 사례 글을 피라미드 구조에 맞게 수정해보면 다음과 같다.

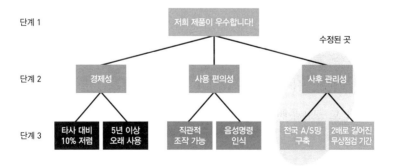

단계 1 · 저희 제품이 우수합니다!

수정된 곳

단계 2 · 경제성 · 사용 편의성 · 사후 관리성

단계 3 · 타사 대비 10% 저렴 · 5년 이상 오래 사용 · 직관적 조작 가능 · 음성명령 인식 · 전국 A/S망 구축 · 2배로 길어진 무상점검 기간

그림 잘못된 피라미드 구조 글 수정 후

앞서 언급한 사례 B를 피라미드 구조에 대비시켜보자. 왜 사례 B가 이해하기 쉬웠는지 보다 분명하게 알 수 있다.

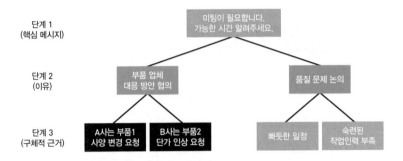

그림 고객에게 미팅을 요청하는 글과 피라미드 구조

논리적 글을 쓰고 싶다면 전달하고자 하는 메시지를 나누고 피라미드 구조에 따라 배열하자. 피라미드 구조가 글의 논리를 강화시켜주고, 그 논리가 고객이 당신의 글을 쉽게 이해하고 기억하게 만들어준다.

8장

고객이 스스로
생각하게 만들어라

제약회사 영업사원 김 과장의 고객 중 ○○병원 A 의사가 있다. A는 사람은 좋은 것 같은데 새로 나온 약품을 소개하는 글을 보내면 대부분 회신이 없다. 답답한 마음에 중요한 내용만 요약한 메일을 다시 보내면 이번엔 수신했다는 아주 짧은 문자만 보내준다. 어쨌든 보긴 봤다고 하니까. 이제 A를 만나 그 약품 구매에 대해 본격적인 세일즈를 할 타이밍이다. 그런데 오랜 시간 기다려 만난 A는 약을 보자마자 이런 말을 툭 던진다. "그 약이 뭐죠? 처음 보는 거네요."

우리 뇌는 크게 보면 두 가지 기능을 수행한다. 감각 입력과 운동 출력이다. 감각 입력은 외부 자극을 눈과 귀와 같은 감각기관을 통해 입력하는 것이다. 운동 출력은 실행 명령을 몸의 각 부분에 보내는 것을 말한다. 어느 쪽이 더 중요할까? 물론 모두 중요하다. "엄마가 좋아, 아빠가 좋아?"라고 묻는 것처럼 어리석은 질문일지도 모른다. 그렇지만 기억의 관점으로 보면 운동 출력이 기억에 훨씬 큰 영향을 미친다. 여기서 운동 출력은 '생각'을 말한다. 뇌과학에서 생각은 뇌 안에서 일어나는 운동이다.

기억에 관해 흥미로운 실험이 있다. 학생들에게 일정 분량의 글을 외우게(학습하게) 한 다음, 학생들을 A, B 그룹으로 나누어 각각 다른 지시를 내렸다. A 학생들에게는 글을 다시 외울 시간을 7분 주었고(재학습), B 학생들에게는 학습한 글 중 기억나는 것들을 써내라고 요구했다(시험). 기억 비율이 높은 쪽은 어디였을까? 시험을 본 B 학생들이었다. 물론 재학습이나 시험 후 확인한 시간이 5분 이내라면 재학습이 기억에 효과적이었겠지만 이틀 이상 지나고부터는 시험의 효과가 훨씬 높았다고 한다. 즉 재학습이라는 감각 입력을 다시 하게 한 것보다 시험을 통해 기억을 회상, 즉 생각이라는 운동을 출력시킨 것이 기억 효과가 월등히 높았던 것이다.

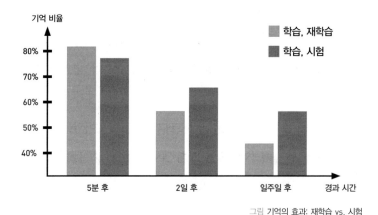

그림 기억의 효과: 재학습 vs. 시험

고객이 메시지를 기억하게 하고 싶다면 단순하게 반복 설명하지 말고 고객이 스스로 생각하게 만들어야 한다. 여기에 도움이 되는 방법이 바로 '질문하기'와 '요청하기'다.

질문은 반드시 생각을 이끌어낸다. 오히려 질문을 받고 대답을 생각하지 않는 것이 더 힘들 정도다. 한번 시험해보자. "지금 당신이 살고 있는 곳은 어디인가요?" 이 질문을 받고 생각하지 않는 사람은 없다. 차이라면 생각의 길이 정도일 것이다. 일단 의식한 질문에 대해 전혀 생각하지 않는 것은 애초에 불가능하다. 왜 그럴까?

질문을 받으면 우리 뇌에는 자연스럽게 '지식의 공백'이라는 공간이 만들어진다. 이후 자동적으로 이것을 메우는 작업을 하게 된다. 이 작업에 사용하는 도구가 생각이다(그림 '지식의 공백과 생각' 참고). 따라서 일단 공간이 만들어진 후에는 생각하지 않기란 사실상 불가능하다. 공간은 반드시 메워져야 하기 때문이다.

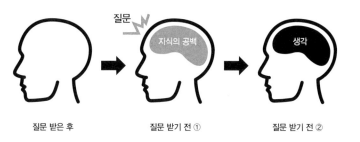

질문 받은 후   질문 받기 전 ①   질문 받기 전 ②

그림 지식의 공백과 생각

고객에게 자신의 글을 기억시키는 데 유용한 질문에는 세 가지 유형이 있다.

1. 호기심을 자극하는 질문
2. 기억을 회상시키는 질문
3. 의견을 요청하는 질문

앞서 소개한 사례에 세 가지 질문을 활용해보자.

호기심을 자극하는 질문

사례에서 약품 정보가 한꺼번에 훅 들어와 A의 머릿속에 지식의 공백이 생길 여지가 없었다. 당연히 생각이라는 뇌의 운동 출력도 미미했을 것이다. 설령 중요한 내용을 요약한 메일을 추가로 받았다 하더라도 그것은 감각의 재입력에 불과했다. 물론 그것도 효과가 없는 것은 아니지만 생각하기에 비할 바는 아니다. 지식의 공백을 만드는 가장 좋은 질문은 글을 읽는 상대의 호기심을 유발하는 것이다. 김 과장이 아래와 같은 질문을 활용했다면 A가 글의 내용을 기억할 가능성이 한결 높아졌을 것이다.

- "○○ 치료에 있어 가장 중요한 요소는 무엇일까요?"
- "최근 식약청에서 공지한 병원의 수익성과 관련이 깊은 의약품 정보를 보셨나요?"
- "보다 저렴하면서 효과가 검증된 약품이 있다면 어떨까요?"

기억을 회상시키는 질문

기억은 자주 생각할수록 더욱 공고해진다. 반대로 일정 시간 동안 생각하지 않으면 약화된다. 자신의 글을 기억시키고 싶다면 상대가 그 기억을 머릿속에서 다시 끄집어내게 만들어야 한다. 이때 도움이 되는 질문이 기억을 회상시키는 질문이다. 아래와 같은 식이다.

- "지난번 메일에서 말씀드린 ○○ 약이 병원에 꼭 필요한 이유 두 가지를 혹시 기억하시나요?"

의견을 요청하는 질문

고객이 당신의 글에 대해 생각하게 만들고 싶다면 글과 관련된 고객의 의견을 요청하라. 의견을 내기 위해서 고객은 당신 글을 반드시 여러 번 반복적으로 생각할 수밖에 없다. 그 과정에서 당신의 글은 고객의 뇌 속에 자연스럽게 기억으로 굳어지게 된다.

- "지난번 메일에서 말씀드린 부분과 관련한 병원의 데이터는 공유가 가능한지요?"
- "이번에 소개드린 ○○ 약에 대해 흥미로운 점이나 추가로 보완이 필요한 부분이 있다면 의견 부탁드립니다."

질문은 말로 할 때 사용하는 빈도가 훨씬 많다. 하지만 좋은 글은 상대와 말로 대화하듯이 적은 글이다. 또한 질문의 효과는 말이나 글이나 동일하다. 따라서 글을 적을 때도 마치 말을 할 때처럼 호기심 질문과 회상 질문, 그리고 요청 질문을 적절히 사용해보자.

9장

감정과 결합된 정보는
잊고 싶어도 안 잊혀진다

오랜만에 서울 도심 나들이에 나선 아내는 조금 들뜬 모습이다. 얼굴 가득 웃음이 끊이지 않는다. 마치 연애하던 그 시절 그 모습처럼. 덩달아 내 마음도 즐거워진다. 오랜만에 연애시절 추억을 이야기하며 길을 건너려는 그때, 아내가 미소를 살짝 띠며 묻는다. "여보, 저기 보이는 저 카페가 어떤 곳인지 기억하죠?" 아내가 손끝으로 가리킨 곳은 오래된 카페였다. 가본 것 같기도 하고 아닌 것 같기도 하다. 대답을 망설이는 내 모습을 보며 아내의 미소도 어느새 사라진다. "우리가 열두 번째로 키스했던 곳이잖아요! 어떻게 잊어버릴 수 있어요? 당신이 우리 사랑을 열두 달에 비유하며 얼마나 달콤하게 얘기했는데!" 아내는 나를 내버려두고 집으로 가는 지하철역 안으로 쏜살같이 들어갔다.

당신은 아내와 열두 번째로 키스한 장소가 어디인지 기억하는가? 아마 대부분은 기억하지 못할 것이다. 그렇다면 아내와 첫 번째로 키스한 곳은? 실제 강의장에서 대부분 이 질문에는 자신 있게 대답한다. 그런데 열두 번째 키스는 기억하지 못하면서 왜 첫 번째는 기억할까?

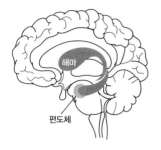

그림 해마와 편도체

답은 '감정'에 있다. 기억은 반드시 감정의 영향을 받기 때문이다. 뇌과학에서는 이것을 '감정에 물들지 않은 기억은 없다'고 표현한다. 기억은 뇌의 깊숙한 곳에 위치한 해마hippocampus 라는 곳에서 생성되는데 해마 옆에는 편도체amygdala 라는 감정의 뇌가 붙어 있다. 감정적 자극이 들어왔을 때 활성화되는 곳이다. 기억을 만드는 해마와 가까운 곳에 편도체가 있다는 것은 기억이 감정에 영향을 받을 수밖에 없다는 것을 의미한다.

비유적으로 표현하면 편도체는 감정의 펌프이며 해마와 연결되어 있다. 감정적 자극이 편도체로 강하게 들어올수록 펌프의 강도도 세진다. 그 결과 해마의 활동이 촉진되어 감정 자극과 함께 들어온 정보는 기억이 잘된다. 또한 이렇게 감정에 물들수록 기억은 오래 지속되게 된다.

처음으로 키스한 장소를 기억하는 이유는 그 장소에 대한 정보가 강한 감정과 결합되어 저장되었기 때문이다. 열두 번째 키스 장소가 기억나지 않는 것도 같은 원리다. 열정이란 감정의 세기가 시간이 흐르면서 조금씩 약해졌기 때문이다. 비록 열두 번째지만 다른 감정 경험과 결합되어 감정이 커졌다면 기억할 수 있다. 사례의 아내처럼 말이다.

그렇다면 처음부터 아예 감정의 옷을 입지 않고 들어온 정보는 기억하기에 어떨까? 예를 들어 영어 단어나 수학 공식 같은 것이다. 영어 단어를 외울 때 감정을 느끼는 경우는 드물다. 그래서 영어 단어를 기억하기 힘든 법이다. 단어나 공식을 장기적으로 기억하게 하려면 한 가지 방법밖에 없다. '반복'이다. 예를 들어, 위에서 언급한 편도체란 의미의 amygdala를 기억하려면 반복해서 머리에 그 단어를 입력해야 한다. 감정의 도움을 받지 못한 정보를 기억하기 위해서는 시간과 에너지를 많이 사용할 수밖에 없다.

정보에 감정을 입혀 전달하면 기억하기도 쉽고, 유지하기도 쉽다. 그렇다면 수없이 많은 감정 중 어떤 감정의 옷을 입히면 좋을까? 이때 필요한 것이 쾌감이다. 뇌과학적으로 우리의 행동에 가장 크게 영향을 미치는 감정이 쾌감이기 때문이다. 우리가 행동을 하는 가장 주된 이유는 쾌감을 추구하거나 쾌감의 반대인 불쾌감을 회피하는 것이다.

첨부 파일을 열게 하는 가장 확실한 방법

고객에게 당신 글에서 쾌감을 느끼게 하려면 글의 주제가 읽는 사람의 관심과 일치하고 필요를 충족시키고 있다는 것이 도입부에서부터 명확히 드러나야 한다. 어느 교육서비스 업체가 작성한 다음 글을 읽어보자. 당신이라면 메일을 보낸 사람의 바람대로 첨부의 제안서 파일을 열어보고 연락할 마음이 드는가?

안녕하세요, OO센터 홍길동 대표입니다.

한 해가 거의 저물어가는 지금, 올 한 해 목표로 세운 것들을 모두 다 이루셨나요?

이제 곧 새로운 마음으로 다시 시작해야 할 새해가 다가오네요.

많은 고민과 연구를 했습니다.

글로벌 리더십 프로그램을 무작정 도입하여 적용하는 것이 최선일까?

우리에게 최적화된 리더십은 어떤 형태인가?

교육이 강의장 안에서만 작동하는 것이 아니라 실제 현장에서도 효과를 발휘하려면 어떻게 설계해야 하는가?

여기에 답을 만들어가기 위해 설립한 곳이 OO센터입니다.

우리의 비전은 '대한민국 기업의 세대 간, 계층 간 공감 지수를 올리도록 돕는 파트너'가 되는 것입니다.

조직문화, 리더십, 소통 활성화 등 조직 내 갈등을 예방하고 상호 공감이 필요한 어떤 문제에 대해서도 진정성 있는 솔루션을 제공하는 신뢰받는 기업이 되겠습니다.

첨부된 제안서를 확인하시고 연락 주시기 바랍니다.

귀사에게 새롭고 유익한 교육 서비스를 제공하는 파트너가 되기를 간절히 희망합니다.

감사합니다.

홍길동 드림

사실 위와 같은 메일은 흔히 접하는 메일이다. 홍보하는 상품의 종류만 다를 뿐이다. 이런 유형의 메일을 받으면 몇 줄만 읽고 바로 삭제하는 경우가 많다. 이유가 뭘까? 주객이 전도되었기 때문이다. 고객을 특정하지 않고 한 번에 대량으로 뿌리는 메일에서 흔히 발견되는 오류다. 고객이 아니라 자신이 관심 있고 필요한 것만 알려주는 메일이다. 자칫하면 고객의 쾌감이 아니라 불쾌감을 불러올 수도 있다. 물론 불쾌감이 강해도 기억은 잘된다. 기억만이 목적이라면 나쁜 전략은 아니지만 절대 세일즈의 최종 목적인 구매로 이어지지 않는다는 것이 문제다.

글을 읽는 고객이 쾌감을 느끼게 하기 위해서는 글의 처음부터 고객의 관심사와 필요를 언급해야 한다. 비용 절감에 관심 있는 고객에게는 "비용을 10퍼센트 이상 절감할 수 있는 획기적 방법을 제시하겠습니다."라고 하고, 가족과 안전한 차량 여행을 필요로 하는 고객에게는 "기존의 차보다 안전 기능이 두 배 이상 강화된 신차가 출시되었습니다."라고 하는 식이다. 단순히 정보를 나열하고 기능을 설명하는 것보다 고객 쾌감 추구에 훨씬 도움이 된다.

앞서 본 메일의 앞부분만 수정해보았다. 받는 사람이 특정되었다면 구체적 관심사를 알 수 있어 더 좋았겠지만 지금은 불특정 다수에게 보내는 상황이라 가정했다.

안녕하세요, OO센터 홍길동 대표입니다.

교육생들 반응도 좋고 만족도도 높은 교육이었지만 실제 현장에서는 활용하지 않아 고민해본 적 없으신가요?

많은 교육 담당자들의 가장 큰 고민거리인 현장과 유리된 교육에 대한 최고의 솔루션을 공유해드립니다.

OO교육 프로그램으로 많은 기업에서 유효성이 검증된 프로그램입니다.

본 교육 프로그램으로 얻을 수 있는 주요 효과는 다음 세 가지입니다.

1. 현장에서 활용할 수 있는 실용적인 내용으로 이루어져 팀 생산성이 올라갑니다.
2. 구성원 간 소통이 원활해져 공감 지수가 10퍼센트 이상 증가합니다.
3. 지금보다 직원 이탈률이 현저히 떨어집니다.

위의 효과들이 어떻게 실현되는지는 첨부된 제안서에서 확인 가능합니다. 핵심만 간략히 말씀드리자면……

(중략)

귀사에게 새롭고 유익한 교육 서비스를 제공하는 파트너가 되기를 간절히 희망합니다.

감사합니다.

홍길동 드림

수정한 메일은 교육 담당자라면 누구나 고민하고 있을 만한 주제를 언급하면서 시작된다. 그들의 관심사와 필요한 부분을 건드려준 것이다.

세일즈를 목표로 글을 쓸 때는 고객이 원하거나 필요로 하는 주제에서 글을 시작해보자. 수익성/생산성 향상, 비용 절감, 경쟁력 강화와 관련된 주제가 여기에 해당한다. 예를 들어, 글의 앞부분에 "○○사의 사무 생산성을 20퍼센트 올릴 수 있는 상품을 소개합니다!"라고 적는 식이다. 고객의 주의를 단시간에 사로잡을 수 있다. 돈 들어가는 일 아니니 밑져야 본전! 한번 해보자. 세일즈 성과는 이런 작은 차이들이 모여 만들어지는 법이다.

이렇게 고객들의 관심을 끄는 가장 확실한 방법은 그들이 원하는 것에 대해 먼저 이야기하고, 자신이 세일즈하는 상품이나 서비스가 그것과 부합한다는 것을 보여주는 것이다. 고객은 자신의 관심이 충족되거나 필요가 해소될 수 있다는 기대감과 함께 쾌감을 느끼게 된다. 그렇게 키워진 감정은 세일즈맨이 전달하는 메시지를 기억하게 하는 데 크게 기여한다.

대접받고 싶은 대로 대접하라

회사 초창기 몇 년 동안 고객에게 회사 소식을 뉴스레터 형식으로 보낸 적이 있었다. 다음과 같이 말이다. 회사의 인지도도 높이고 새로운 교육도 유치할 목적이었다. 나름 정성껏 적었고 전문 웹디자인 업체도 활용했다. 그런데 회신율은 형편없는 수준이었다. 한 번에 100명 정도에게 보냈는데 회신 메일을 보내준 사람은 고작 한두 명에 불과했다. 그것조차도 교육 문의가 아닌 인사 메일이었다. 그땐 무엇이 문제였는지 잘 몰랐다. 그냥 고객이 야속했다.

제목: 이수민) SM&J Newsletter(7월) 공유해드립니다

안녕하세요, 이수민입니다.
저와 SM&J PARTNERS가 가진 역량을 최대한 발휘하여 교육이 교육으로만 끝나지 않고 실질적 성과가 보여질 수 있도록 최선을 다하겠습니다.
언제나 행복으로 가득 찬, 아니, 선택한 하루하루 되시길 바랍니다.

시간이 흘러 경험이 쌓이고 세일즈 시야가 넓어지면서 내가 무엇을 잘못했는지가 보였다. 문제는 두 가지였다. 첫 번째는 내가 보낸 소식지에 나열된 정보는 그들 입장에서 보면 의미 없는 정보라는 것이다.

여러 회사들을 대상으로 교육 과정을 진행한 실적이 그들과 무슨 상관이 있었을까? 지금 생각하면 얼굴이 달아오른다.

두 번째 문제는 수신자 이름도 없이 메일을 보냈다는 것이다. 편의상 그들 모두를 한 개의 그룹으로 지정하고 보냈다. 이름이 없으니 그들의 주의를 끌 만한 작은 장치조차 가동되지 못한 셈이다. 인간관계에는 황금률이 있다. '내가 대접받고 싶은 대로 상대를 먼저 대접하라'라는 말이다. 내가 그들을 'one of them'으로 취급해놓고 그들에게서 'only one'으로 대접받기를 바랐던 것이다. 현명하지 못한 행동이었다. 게다가 그들은 단순한 지인이 아니라 귀중한 고객인데 말이다.

지금은 고객에게 단순 소식 이메일은 보내지 않는다. 대신 아래의 메일처럼 그들에게 도움이 되는 읽을거리, 주로 경영저널에 게재한 칼럼 등을 보내주면서 홍보할 것은 살짝 안내하는 정도다. 이메일 내용의 90퍼센트 정도는 모든 사람에게 동일하지만 10퍼센트 정도는 각자에 맞춰 다르게 적는다. 물론 받는 고객 이름은 반드시 언급한다!

제목: 동아비즈니스리뷰(DBR) 잡크래프팅 아티클 공유 및 인사

문OO 부장님, 잘 지내고 계시지요?
내일은 5월 1일, 근로자의 날이라 쉬시겠네요.
저는 근로자도 아니고 그냥 월화수목금금금입니다. ㅎㅎ

이번 DBR 5월호에 게재된 백수진 박사의 잡크래프팅Job Crafting 글을 공유해드립니다.
잡크래프팅에 관해서는 두 번째로 연재된 글입니다.
세 번째 글은 6월이나 7월쯤 나올 듯합니다.

첫 번째 글: 일의 의미 느끼게 해야 조직이 큰다 / DBR 268호(3월)
두 번째 글: 열정 느끼려면 '성장 마인드셋'이 필수 / DBR 272호(5월)

요즈음 주 52시간 등 여러 환경 변화로 인해 직원들의 업무 몰입이나 일의 의미 부여에 관심을 기울이는 기업들이 많아지는 것 같습니다.
저와 SM&J PARTNERS에 잡크래프팅 교육 문의가 조금씩 늘어나는 것도 아마 이런 이유 때문이겠지요.

이제 곧 계절의 여왕이라는 5월의 싱그러움을 만날 시간이 다가오네요.
늘 건강하시길 바랍니다.

　　결과는 어떨까? 지금은 메일을 보내면 적어도 10퍼센트 이상 응답을 받는다. 단순한 인사용으로 온 것도 있지만 읽을거리와 관련된 교육 문의도 꽤 있다. 이제 내 메일이 또 하나의 스팸 메일이 아니라 의미 있는 정보로 그들의 주의를 이끌어내기 시작한 것이다.

2부

영업의 고수는
심리학을 안다

: 세일즈 글쓰기를 하기 전에
알아야 할 심리 법칙

10장

확증 편향

고객은 보고 싶은 것만 보고
듣고 싶은 것만 듣는다

생물의 생존에 중요한 원칙이 있다. 에너지 효율성이다. 생존을 위해서는 에너지 사용은 최소화하고 효과는 최대화해야 한다. 자신의 에너지를 효율성 없이 낭비한 생물들은 모두 진화의 과정에서 자연스럽게 도태되고 제거되었다. 동물이든 식물이든 관계없이 에너지를 사용하는 존재라면 반드시 적용되는 원칙이다. 인간도 이 원칙에서 자유로울 수 없다.

물론 지금은 생존 자체가 더 이상의 이슈가 되지 않는 시대이기는 하다. 그럼에도 불구하고 이 원칙은 여전히 유효하다. 이미 우리 무의식에 뿌리 깊게 자리 잡아 의사결정에 아주 강력한 영향을 미치기 때문이다.

고객들은 매일 접하는 수없이 많은 정보들을 논리적으로 따져보며 결정하지 않는다. 모든 정보를 그렇게 처리하는 것은 에너지 효율성 추구라는 생존의 절대 원칙에 반한다. 논리적으로 생각하는 일은 우리 뇌에서 많은 양의 에너지 소모가 필요한 일이기 때문이다. 따라서 고객들은 좀 더 에너지 사용이 적고 신속하게 결정을 내릴 수 있는 지름길을 선호한다. 무의식적으로 말이다.

세일즈를 하는 사람이라면 이 지름길에 주목해야 한다. 고객이 의사결정을 내릴 때 어떤 지름길을 택하는지를 알고 활용할 줄 안다면 세일즈 효율성을 크게 높일 수 있기 때문이다. 즉, 상대적으로 적은 노력으로 큰 성과를 올리는 길이다. 심리 법칙을 살펴보면 지름길을 알 수 있다.

진공청소기 구입을 두고 아내와 몇 달째 서로 같은 말만 반복하고 있다. 서로 사고 싶은 유형이 달랐다. 선이 없어 청소하기 쉬운 무선청소기를 선호하는 나와 달리, 아내는 저렴하고 배터리 걱정 없는 유선청소기를 구입하자고 한다. 큰 폭의 할인 행사를 하고 있고 배터리 성능도 크게 향상된 무선청소기 광고를 보여줘도 시큰둥하게 툭 쏘아붙인다. "그래도 여전히 비싸고 오래 못 써!" 이렇게 내가 보는 것과 다르다니…….

누구나 위의 사례와 비슷한 경험을 겪어봤을 것이다. 똑같은 정보를 두고 나와 상대의 생각이 다른 경우 말이다. 우리 뇌는 한번 형성된 생각에 대해 일관성을 유지하려는 경향이 매우 강하다. 생각이 굳어진 후에는 웬만해서는 바뀌지 않는다. 그 이후에 접하게 되는 새로운 정보의 수용 여부는 객관적 사실과는 관계없이 자신의 굳어진 생각과 얼마나 일치하느냐에 달려 있다.

예를 들어 자신의 생각과 일치하는 새로운 정보는 근거도 있고 유익하다고 여긴다. 반면에 일치하지 않는 정보는 근거가 없다고 무시하거나 왜곡해서 받아들인다.

이렇게 일관성을 추구하는 욕구가 매우 강해 일어나는 심적 왜곡 현상을 '확증 편향confirmation bias'이라고 한다. 확증 편향에 빠지면 자신의 생각과 모순되는 정보들은 무의식적으로 받아들이지 않고 걸러내게 된다. 무의식적으로 작용하기 때문에 더 무섭고 파괴력이 강하다. 이 확증 편향을 세일즈 글쓰기에 활용할 때 유의할 점은 다음 두 가지다.

확증 편향을 사용할 때 유의할 것

첫째, 새로운 정보를 기존 고객에게 소개하는 경우라면 세일즈 담당자가 알고 있는 고객의 생각과 일치하는 부분을 먼저 강조해야 한다. 한마디로 확증 편향의 등에 올라타는 것이다.

화장품 세일즈 담당자가 기존 고객에게 신제품을 소개하는 경우를 예로 들어보자. 고객이 화장품을 선택할 때 중요하게 생각하는 기준(성분, 가격 등)을 도입부에서 강조하는 식이다.

성분이 중요하다고 생각하는 고객

"이번에 소개드리는 제품은 자연에서 추출한 재료로 만든 천연 제품입니다. 저렴한 일반 화장품에서는 결코 사용할 수 없는 천연 성분이 포함되어 있습니다."

→ (고객 반응) '그래! 화장품은 성분이 제일 중요하지! 어떤 성분이 들어 있는 것일까? 다음을 읽어봐야겠다!'

가격이 중요하다고 생각하는 고객

"이번에 선보이는 신제품은 동종의 타회사 제품에 비해 10퍼센트 이상 낮은 가격으로 출시되었습니다. 같은 기능을 합리적인 가격으로 경험해보세요."

→ (고객 반응) '비슷한 제품이면 가격이 저렴한 게 제일이지! 괜찮은 제품 같은데 좀 더 읽어볼까?'

둘째, 잠재고객에게 세일즈하는 경우라면 특히 첫 번째 글에 최고의 노력과 관심을 기울여야 한다. 세일즈 제품과 당신에 대한 잠재고객의 첫인상이 만들어지는 곳이기 때문이다. 첫인상이 생각의 씨앗으로 작용하여 고객의 뇌 속에 확증 편향을 만들게 된다. 이 확증 편향이 당신의 세일즈 성과에 보이지 않는 손으로 작용한다.

당신이 휴대폰 세일즈 담당자고 신형 휴대폰을 잠재고객에게 소개하는 글을 보냈다고 해보자. 글을 본 고객의 유형은 두 가지로 구분된다. 긍정적 첫인상이 생긴 고객과 그렇지 않은 고객으로. 재미있는 것은 지금부터다. 당신의 제품에 긍정적 생각이 굳어진(확증 편향이 생긴) 고객은 이후에 접하는 정보들은 당신에게 유리한 방향으로 스스로 왜곡해서 해석할 가능성이 높다.

첫인상은 유성펜과 같다. 한번 고객의 마음에 새겨지면 지우기 어렵다. 이런 첫인상에 따라 어떤 생각에 도달하게 되면 고객은 그것을 뒤집는 증거보다 그것을 보강하는 증거를 찾는 경향이 있다. 그것이 확증 편향이다. 보고 싶은 것만 보고 믿고 싶은 것만 믿는 우리 뇌의 아주 강력한 속성이다.

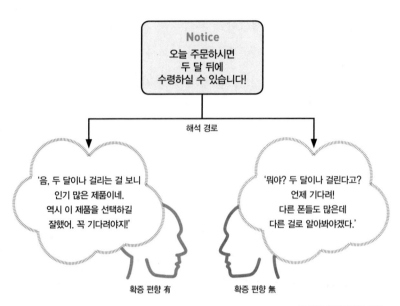

그림 확증 편향과 정보 해석

11장

사회적 증거

다수를 따르라, 그것이 이익이다

여행용 캐리어 가방을 구입하려고 쇼핑 앱을 켰다. 캐리어가 왜 이렇게 다양한지. 그래도 그중 눈에 띄는 캐리어가 두 개 있었다. 둘 모두 브랜드 인지도, 기능, 가격은 큰 차이가 없는 듯한데……. 어떤 것을 선택해야 할까 고민이다. 약간의 망설임 끝에 선택한 가방은 무엇이었을까? 한번 짐작해보시라.

그렇다. 여러분의 짐작대로 A다. A가 사람들의 선택과 리뷰를 B보다 많이 받은 것이 구매 결정에 영향을 주었다. 여러분도 위와 같은 상황에서 구매를 결정해야 한다면 대부분은 나와 같은 선택을 할 것이다. 다른 사람이 선택을 많이 한 제품을 선택하는 것이 효율적이고 제품 구매 실패 위험을 최소화한다는 믿음이 작용하기 때문이다. 이를 '사회적 증거social proof 법칙'이라고 한다.

이 법칙은 특히 생각할 시간이 없고 즉각적으로 결정을 내려야 하는 상황에서는 더욱 강력하게 작용한다. 대개의 경우는 다수를 따르는 것이 가장 이익이 되기 때문이다. 동료 학생들이 많이 찾는 강의를 선택하면 좋은 강의를 듣고, 사람들이 줄을 서서 기다리는 식당에 들어가면 맛있는 음식을 먹을 가능성이 커지는 것과 같다.

이렇게 '다수를 따르라. 그것이 이익이다!'라는 사회적 증거 법칙은 당신이나 고객의 뇌 속에 깊이 각인되어 있다. 세일즈 글쓰기에 어떻게 활용할 수 있을까?

고객들은 구매를 결정할 때 자신이 세일즈 문구 등에 현혹되어 잘못된 의사결정을 하지 않을까 하는 두려움이 크다. 이 두려움을 줄이는 여러 방법 중 가장 선호하는 방법은 자신과 유사한 상황에 있는 다른 사람들의 선택을 따르는 것이다. 그것이 빠르고 편한 방법이기 때문이다. 사회적 증거가 의사결정의 기준이 된다.

따라서 세일즈 담당자는 글을 읽는 고객과 유사한 사람들도 제품을 구입해서 만족하고 있다는 사회적 증거를 제시해주어야 한다. 대표적 사회적 증거에는 구매 실적, 구매 리뷰, 고객 추천이 있다. 제시하는 사회적 증거가 많을수록 제품에 대한 신뢰도는 올라가고 고객 두려움은 반비례한다.

구매 실적 강조

얼마나 많은 고객이 당신의 제품이나 서비스를 구매했는지 숫자를 사용하여 구체적으로 보여준다.

- "아마존 품절 대란, 720만 부 판매!" (도서 광고)
- "누적 75만 대 판매! ○○ 에어프라이어" (가전제품 광고)
- "대한민국 최대 사진 인화 앱, 현재 판매 누적 장수 12,754,924,368장" (사진 인화 앱)
- "서울대 5명, 고려대 12명, 연세대 15명 합격!" (입시 학원)

글을 읽는 고객이 유사성을 느낄 수 있도록 맞춤형으로 표현하면 더욱 효과적이다.

- "분당에서만 서울대 디자인과에 다섯 명 합격했습니다!"
  (분당 지역 미술 학원이라면)
- "이곳을 방문한 여행객 열 명 중 아홉 명은 맛보는 간식입니다!"
  (어느 관광 지역 간식 업체)

구매 리뷰

구매 리뷰를 세일즈 글에 활용할 때 유의할 점이 있다. 리뷰에 진정성이 느껴져야 한다. 다시 말해 칭찬 일색의 리뷰들만 선별하여 보여주는 것은 오히려 역효과를 낼 수 있다. 고객이 리뷰의 진정성을 의심할 수 있기 때문이다.

신형 노트북을 소개할 때 리뷰를 활용한 사례 A를 먼저 보자.

리뷰 활용 사례 A

1인 비즈니스에 최적화된 ○○노트북입니다.
무게는 더욱 가볍고, 성능은 더욱 강력해진 신형 모델입니다.

(중략)

구매하신 고객님들은 아래와 같은 리뷰를 남겨주셨습니다. 감사합니다!

디자인과 성능이 좋습니다. 이 가격에 이만한 노트북 사기 힘든데, 너무 만족합니다.	외관이 예쁘고, 휴대하기 너무 편해요. 고객을 만날 때 유용하게 활용하고 있습니다.	비즈니스 출장이 많아 가지고 다니기 부담 없고 성능도 안정적인 노트북을 찾다가 발견했어요. 완전 마음에 듭니다.
고객 A	**고객 B**	**고객 C**

고객들이 리뷰를 보는 이유는 '자신과 유사한 상황에 있었던 다른 사람들'의 앞선 경험 확인을 통해 구매에 대한 두려움을 줄이고 싶기 때문이다. 그런데 모든 리뷰가 칭찬으로만 도배되어 있다면 어떤 생각이 들까? 리뷰가 자신과 유사한 사람들이 쓴 것이 아닐지도 모른다는 의심이 든다. 리뷰의 진정성이 흔들리기 시작하는 셈이다. 속아서 구매할지도 모른다는 두려움은 오히려 커지게 된다. 역효과다.

세상에 완벽을 추구하는 것은 있어도 완벽한 것은 없다. 따라서 좋은 부분만 아니라 부족한 부분도 보여주면 글의 진정성이 올라간다. 작은 것을 내주어서 큰 것을 취하는 것이다. 물론 제품의 치명적인 약점을 노출시키는 리뷰는 곤란하다. 읽는 사람이 진정성만 느낄 정도면 충분하다. 다음과 같은 정도로 말이다.

리뷰 활용 사례 B

1인 비즈니스에 최적화된 ○○노트북입니다.
무게는 더욱 가볍고, 성능은 더욱 강력해진 신형 모델입니다.

(중략)

구매하신 고객님들은 아래와 같은 리뷰를 남겨주셨습니다. 감사합니다!

디자인과 성능이 좋습니다. 이 가격에 이만한 노트북 사기 힘든데, 너무 만족합니다.	외관이 예쁘고, 휴대하기 너무 편해요. 고객을 만날 때 유용하게 활용하고 있습니다.	생각했던 것보다는 무게감이 느껴져서 조금 아쉽습니다. 전반적으로는 만족합니다.
고객 A	고객 B	고객 C

고객 추천

고객 추천은 사회적 증거를 보여주는 방법 중 가장 강력한 방법이다. 특히 세일즈 제품이 시장에 막 출시되어 구매 실적과 리뷰가 부족할 때 더욱 유용하다. 그러나 고객 추천을 그냥 얻는 경우는 드물다. 고객에게 요청해야 한다. 거부당할까, 부정적 피드백을 받을까 염려도 되겠지만 바꿔 생각하면 잃을 것은 없다. 초기에 제품을 구입한 고객이라면 대개 구입 동기가 분명한 그룹이다. 따라서 피드백도 그 동기를 기준으로 명확하게 줄 가능성이 높다. 세일즈 글에 활용 가치가 높은 양질의 데이터다.

만약 글을 쓰는 것에 대한 고객의 부담감을 줄여주고자 한다면 다음 방법들이 효과적이다.

1. 한 줄 추천글 요청하기

"저희 제품을 이용해주셔서 감사합니다. 다른 고객님을 위해 한 줄 추천글 부탁드립니다. 딱 한 줄이면 충분합니다!"

2. 문항 선택하게 하기

고객에게 아래와 같이 미리 만들어둔 추천글 문항에 체크만 부탁한다.

"저희 제품을 이용해주셔서 감사합니다. 다른 고객님들을 위해 추천 부탁드립니다. 아래의 문항에 체크만 해주시면 됩니다!"

No.	추천글	선택
1	이동을 많이 해 가벼운 노트북을 원하는 분에게 딱 맞는 제품입니다	
2	모던하고 매끈한 디자인을 선호하시는 분에게 추천합니다	
3	가성비가 좋은 노트북을 찾고 계신 분에게 적합한 제품입니다	
직접 작성		

세일즈 담당자는 고객의 체크 결과를 추천글로 대체하여 활용하면 된다. 데이터가 어느 정도 쌓인 뒤라면 그래프의 형태로도 보여주자. 시각적으로 더욱 효과가 있다.

제품을 구매할 때 우리 뇌는 종종 착각에 빠진다. 논리적으로 '제품이 좋아 많은 사람들이 구매한다'는 말은 맞다. 그러나 반대로 '많은 사람들이 구매해서 제품이 좋다'라는 말은 꼭 맞는 것은 아니다. 고객이 빠지는 대표적인 착각이다. 사회적 증거라는 심리 법칙이 작용하기 때문이다.

이 법칙을 활용하고 싶다면 고객에게 당신이 세일즈하는 제품에 대한 평가를 부탁하고 정리하는 습관이 필요하다. 특히 당신이 비교적 고가의 제품을 세일즈하는 사람이라면 더욱 그렇다. 가격이 비쌀수록 고객은 제품의 구입에 시간과 노력을 많이 들이고, 다른 사람의 평가 결과에 대해 더 많은 주의를 기울이기 때문이다.

정리한 사회적 증거는 제품 소개뿐만 아니라 고객 질문에 대한 답변이나, 프레젠테이션 보충 자료로도 유용하게 사용될 수 있다.

12장

친숙성과 유사성

익숙하고 비슷하면
좋은 것

🛍️
🏪
🏷️
⚙️
🚚

어느 날 대학생 딸에게 미리 주었던 카드로 집에 오는 길에 과자 몇 개만 사다 달라고 부탁했다. 어떤 과자를 사야 하는지 물어서 "네가 먹고 싶은 것 사 오면 돼."라고 말했다. 저녁에 돌아온 아이의 쇼핑백에는 과자들이 잔뜩 담겨 있었다. 참 많이도 샀다. 그런데 과자 이름이 대부분 낯이 익다. 딸의 입맛이 점점 아빠를 닮아가는 것 같다. 왜 이런 과자들을 골랐는지 물으니, 질문이 이상하다며 눈을 흘긴다.

만약 당신이라면 사례에서의 질문을 받으면 어떻게 답할까? 좋아해서. 물론이다. 그렇다면 왜 좋아하게 되었을까? 맛? 글쎄, 마트엔 새로 나온 맛있는 과자들도 넘쳐난다. 여기서부터는 자신 있게 답하는 사람은 드물다. 좋아하게 된 이유는 무의식과 관계가 있기 때문이다.

광화문 교보문고 건물에 부착된 글 중 가장 사랑받았던 나태주 시인의 시가 있다.

자세히 보아야 예쁘다/오래 보아야 사랑스럽다/너도 그렇다

그런데 왜 오래 보면 사랑스럽게 되는 것일까? 여기에 대한 답이 딸이 과자를 고른 이유를 설명해준다. 오래 보면 '친숙성'이 높아지고, 친숙성이 대상에 대한 호감을 증가시키기 때문이다. 딸이 사 왔던 과자들은 그녀가 어릴 때부터 아빠가 자주 사주었던 것들로 눈에 익숙한 제품이었다. 그 익숙함이 제품 구매에 대한 무의식적 믿음을 만들었던 것이다.

마케팅의 거장 세스 고딘은 "반복적으로 자주 노출되면 익숙해지고, 익숙한 것은 정상적인 것이 되고, 정상적인 것은 믿을 만한 것이 된다."라는 말로 이 현상을 설명한다. 뇌과학적으로 반복 노출이 효과가 있는 이유는 기억, 특히 기억 공고화와 관련이 있다. 기억이 굳어졌다는 말은 그 기억을 쉽게 떠올릴 수 있다는 말이다. 우리 뇌는 가장 쉽게 기억이 떠오르는 사물과 사람에게 많은 영향을 받고, 가장 중요하다고 여겨 가장 많은 신뢰를 보낸다.

반복해서 노출하고 비슷한 부분을 어필하라

기업들이 상대적으로 비싼 광고에 목을 매는 이유도 이 때문이다. TV나 인터넷 등을 통해 노출이 많이 된 제품일수록 소비자는 더 큰 호감을 느낀다. 그렇다고 친숙성을 올리기 위해 꼭 비싼 광고만 해야 하는 것은 아니다.

일반적으로는 고객에게 보내는 글에 친숙성을 올리고 싶은 부분을 반복적으로 노출시키는 것으로 족하다. 제품이나 회사 이름, 로고

등 어느 것이나 좋다. 통상 회사 이름과 로고는 문서 하단에 아주 작게 삽입되는 경우가 많다. 고객이 이것을 읽느냐고? 물론 아니다. 그렇지만 그와 관계없이 그들 뇌의 시각 시스템에는 이미 노출되었다. 이것만으로도 효과는 있다. 반복 노출을 통해 익숙해진 자극은 뇌 속의 호감 버튼을 눌러준다. 읽는다는 의식의 작용 없이, 무의식적으로 이루어진 일이다. 사실 그래서 더 효과적이다.

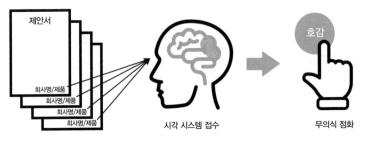

그림 반복 노출과 호감

또 한 가지 방법은 유사성을 활용하는 것이다. 유사성을 활용하면 노출 횟수가 적다고 하더라도 친숙성을 올릴 수 있다. 우리는 우리와 비슷한 사람을 더 좋아한다. 신념, 종교, 취미, 사회적 지위 등 서로 비슷한 것을 발견할 때 상대에 친숙함을 느낀다. 그래서 유유상종類類相從이란 말이 생긴 것 같다. 이 점을 세일즈 글쓰기에 활용하면 고객이 당신이나 당신이 팔고자 하는 제품에 대해 좀 더 빠르게 친숙함을 느끼게 할 수 있다.

고객이 특정되어 있다면 그들이 당신의 글에서 유사성을 느끼게 만들자. 회사명, 위치, 이름, 과거 경험 등 어떤 근거라도 좋다. 아래는 고객의 유사성을 무의식적으로 점화시킬 수 있는 예시 문구들이다.

No.	추천글	선택
고객사와 회사명이 유사한 경우	"안녕하세요, SM&J 파트너스입니다. SM 엔터테인먼트에 교육 제안을 드리기 위해 연락드립니다."	고객과 세일즈 회사와 이름(SM)이 유사한 점 활용
고객사와 회사 위치가 유사한 경우	"저희 사무실도 역삼역 근처에 있어 OO 로고를 보면서 지나간 적이 많았습니다."	고객사와 근접한 거리에 있다는 점 부각
고객과 이름이 유사한 경우	"김수민 책임 매니저님, 저는 이민수 과장입니다."	고객과 세일즈 담당자 이름이 유사한 점 활용
고객과 과거 경험이 유사한 경우	"저 역시 사춘기에 접어든 아이의 변화에 놀라고 당황한 경험이 있는 두 아이의 엄마입니다."	사춘기 자녀 둔 경험과 엄마라는 유사성 강조

13장

미끼 효과

미끼에 따라
선택이 바뀐다

경영전문저널을 정기적으로 구독하기로 했다. 그런데 어떤 형태로 구독할지가 고민이다. 모바일로 볼지, 종이 잡지로 받아볼지(모바일 포함) 결정하기 쉽지 않다. 모바일로만 보는 것은 비용은 저렴하지만(1년에 12만 원) 스마트폰 화면으로 보는 것이 불편할 것 같고, 종이 잡지는 읽기는 편하지만 구독료가 모바일에 비해 2.5배나 높다. 어떤 것을 선택해야 하나?

여러분이라면 어떤 상품을 구매하겠는가?

A. 모바일: 12만 원

B. 종이 잡지 + 모바일: 30만 원

각자의 선호 기준에 따라 상품 선택이 결정된다고 생각하는가? 물론 위의 예처럼 경우의 수가 두 가지라면 그럴지도 모른다. 그런데 다소 생뚱맞게 보이는 미끼 상품이 슬쩍 끼워져 있다면 어떻게 될까? 앞서 고민하던 비교 상품 간의 선호도 균형이 무너지게 된다. 이때 어느 쪽으로 균형의 축이 무너지느냐는 세일즈 담당자가 어떤 미끼 상품을 투입하느냐에 달려 있다.

만약 B의 매출을 올리고 싶다면 '종이 잡지만' 제공하는 또다른 상품 옵션 C를 슬쩍 추가한다. 이때 유의할 점은 새롭게 추가되는 C는 B에 비해 절대적으로 부족한 상품이어야 한다는 것이다. 예를 들어 아래와 같은 식으로 새로운 선택지 C를 추가해야 한다.

A. 모바일: 12만 원

B. 종이 잡지 + 모바일: 30만 원

C. 종이 잡지만: 30만 원

이번에 어떤 상품을 선택할 것인가? 선택의 무게추가 급격하게 B로 쏠린다. 이유는 무엇일까? 단지 선택지의 수만 두 가지에서 세 가지로 늘렸을 뿐인데 말이다. 조금 더 들여다보면 이유는 명확해진다. 먼저 종이 잡지만 구독하는 상품 C를 선택할 확률은 제로다. 같은 가격에 모바일까지 덤으로 볼 수 있는 B가 있기 때문이다. B와 비교하면 C는 겉으로 보면 있으나 마나 한 무의미한 상품이다. 가치가 없는 상품처럼 보인다. 그런데 과연 그럴까?

그렇지 않다! 새롭게 추가된 C는 A와 B를 선택할 때 기준점 역할을 한다. C를 기준점으로 두고 보면 A는 좋은 면(가격이 저렴하다)과 나쁜 면(모바일로만 볼 수 있다)이 있지만 B는 모든 면에서 좋아 보인다. 그 결과 B를 선택한다. C는 B가 선택되는 데 미끼 역할을 한 셈이다. 이처럼 얼핏 보면 의미 없어 보이는 선택지를 추가하여 고객의 선택을 유도하는 효과를 '미끼 효과'라고 한다.

여기까지 이해했다면 아래의 퀴즈를 풀어보자.

미끼 효과가 영향을 주는 곳은 무의식 영역

Q. 고급 수제 쿠키를 판매하는 경우다. 쿠키 세트는 세트에 담은 쿠키의 개수에 따라 A와 B 두 가지로 구분된다. 두 세트에 담겨 있는 쿠키는 단일 종류로 크기와 맛은 동일하다. 여기서 B 판매량을 늘이고자 한다면 어떤 방법이 좋을까?

A 세트: 쿠키 12개, 가격 1만 5000원
B 세트: 쿠키 24개, 가격 2만 6000원

방법이 쉽게 떠오르지 않는가? 미끼 효과를 이끌어낼 새로운 쿠키 세트 C를 추가하면 된다. 이때 C는 판매 목표 상품인 B에 비해 모든 가치가 부족해 보여야 한다(일부는 같아도 된다). 반면에 A에 비해서는 일부는 뛰어나고 일부는 부족하게 보이게 만들면 된다.

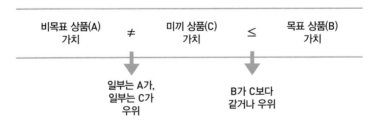

그림 미끼 상품 구성 방법

예를 들어, 아래와 같이 C를 구성하여 A와 B와 함께 판매하는 식이다.

A 세트: 쿠키 12개, 가격 1만 5000원

B 세트: 쿠키 24개, 가격 2만 6000원

C 세트: 쿠키 22개, 가격 2만 7000원

'누가 이런 미끼 효과에 영향을 받을까?'라고 생각하는가? 의식적으로 생각하면 말도 안 되는 이야기 같다. 그렇지만 우리 뇌는 의사결정의 대부분을 무의식적으로 처리한다는 사실을 기억하자. 그렇게 하는 것이 의사결정에 소모되는 에너지를 줄여주어 인지적 효율성 추구라는 뇌의 작동 원리에 부합하기 때문이다. 미끼 효과가 영향을 주는 곳이 무의식 영역이다. 따라서 구매 결정에 미치는 효과가 작지 않다. 더 솔직히 말하면 매우 크다.

세일즈 글에서 미끼 효과를 얻기 위해서는 상품들을 보여주는 순서가 중요하다. 위의 쿠키 세트를 예로 들면, 다음과 같은 순서로 글을 써야 한다.

1. A와 C를 먼저 보여준다.
2. 특별 상품의 형태로 B를 소개한다.
3. A, B, C를 표나 그림을 이용해서 서로 잘 비교되게 한다.

14장

희소성 편향

선택할 수 없는 것은
더 매력적이다

둘째 아이가 며칠째 수제초콜릿이 먹고 싶다고 보채서 함께 백화점에 왔다. 초콜릿 전문 매장에는 다양한 초콜릿들로 가득했다. 한참 살펴본 아이는 A와 B 초콜릿 중에 어떤 것을 선택할지 고민이라고 말했다. 모양은 A가 예뻤고, B는 더 맛있어 보였다. 이때 판매원이 또 다른 초콜릿 C를 찾는 사람이 많아서 재고가 얼마 남지 않았다고 알려준다. 아이가 C에 대해 관심을 보이려 할 때, 옆에서 같이 듣던 다른 고객이 먼저 남은 양 전부를 주문해버렸다. 이제 아이는 C를 사러 다른 백화점에 가자고 조르기 시작한다.

아이의 마음이 왜 바뀌었을까? '희소성 편향scarcity bias'이 작용했기 때문이다. 공급이 부족해 살 수 있는 제품의 숫자가 한정된 경우에 발생한다.

희소성에 관해서는 남메인대 스티븐 위첼Stephen Worchel 교수의 실험이 유명하다. 그는 학생들을 두 그룹으로 나눈 뒤, 쿠키의 품질을 평가해달라고 했다. 제공받은 쿠키의 양은 그룹별로 달랐다. 쿠키를 풍부하게 제공받은 A그룹과 달리 B그룹 학생들은 고작 두 개의 쿠키만 맛볼 수 있었다. 어느 그룹이 쿠키 품질을 더 좋게 평가했을까? B그룹이다. 실험을 여러 번 반복해도 결과는 같았다. 학생들은 쿠키 양이 희소하다고 느낄 때 쿠키의 품질을 훨씬 더 높게 평가했다. 또한 부족한 양을 제공받은 B그룹 학생들은 자신들의 쿠키에 A그룹보다 11퍼센트 더 높은 가격을 제시할 의사를 보였다. "귀한 것은 비싸다Rara sunt cara."라고 말한 로마인들의 말이 다시 한번 증명된 셈이다.

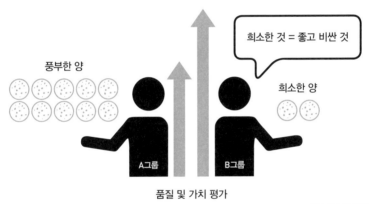

그림 희소성 편향

코넬대 브라이언 완싱크Brian Wansink 교수는 실제 판매 현장에서 희소성 효과를 실험했다. 실험 장소로 선정된 슈퍼마켓을 이용하는 쇼핑객들은 다음 세 가지 조건 중 하나에서 캠벨 수프를 구매할 수 있었다.

조건 1. 구매 수량 제한 없음

조건 2. 구매 가능 수량을 네 개로 제한

조건 3. 구매 가능 수량을 열두 개로 제한

어떤 결과가 나왔을까? 인당 구매량과 구매 발생률에서 의미있는 차이를 보였다. 구매 수량에 제한을 두지 않은 경우에는 쇼핑객들은 평균 3.3개를 구입했다. 반면에 구매 수량에 제한을 둔 조건 2에서는 평균 3.5개, 조건 3에서는 평균 7개로 구매량이 늘어났다. 구매 발생률도 수량을 제한할 때가 높았다.

측정항목	수량 제한 조건		
	무제한 구입 가능	4개 이내 구입 가능	12개 이내 구입 가능
인당 구매량	3.3개	3.5개	7개
구매발생률	7%	10%	9%
총 판매 수량	73개	106개	188개

세일즈 현장에서는 고객의 구매 욕구를 자극시키기 위해 희소성을 강조하는 문구를 많이 사용한다. 아래 그림은 어느 마트의 계란 소개 문구다.

단 한 번도 조류독감이 없었던 농장의 달걀을

매장 입고 후 최대 7일간만 판매합니다

산란일로부터 단 하루 만에 입고한 초신선란

여기에서 희소성을 자극하는 문구가 사용된 곳은 세 군데다. 물론 최종 지향점은 구매 유도다.

- 단 한 번도 조류독감이 없었던 농장 → "안전한 계란입니다. 안심하고 드실 수 있습니다. 그러니 구매하세요!"
- 최대 7일간만 판매합니다 → "신선한 계란입니다. 안심하고 드실 수 있습니다. 그러니 구매하세요!"
- 산란일로부터 단 하루 만에 입고 → "신선한 계란입니다. 안심하고 드실 수 있습니다. 그러니 구매하세요!"

희소성 편향을 활용한 아래와 같은 문구를 당신의 글에 넣어보자. 고객의 관심과 구매 행동을 유도하기 용이하다.

- "딱 ○개만 판매하는 제품입니다!"
- "이 가격에 살 수 있는 것은 오늘뿐입니다!"
- "한정 제품이라 지금이 아니면 내년에나 볼 수 있습니다!"

하지 말라는 것은 더 하고 싶은 저항 심리

희소성을 '리액턴스reactance'라는 저항 심리와 결합하면 효과는 더욱 커진다. 여기에 관한 재미있는 실험이 있다. 학생들에게 포스터 열 장을 나눠주고 가장 매력적으로 느끼는 순서대로 정리해달라고 요청했다. 정리의 대가로 포스터 중 한 장을 주겠다고 약속하면서 말이다. 학생들은 포스터들을 각자의 기준으로 배열했다. 배열이 끝난

후에는 새로운 지시를 추가했는데, 현재 배열된 포스터 중에서 세 번째 자리에 놓인 포스터는 선택해도 가져갈 수 없다는 것이었다. 포스터들을 다시 평가해서 배열해달라고 요청했을 때 어떤 결과가 나왔을까? 학생들 대부분은 처음에 선택한 순서를 바꿨다. 세 번째 포스터를 가장 매력적으로 평가하고 첫 번째 자리에 두었다.

그림 포스터 선택과 희소성

평가가 바뀐 이유는 무엇일까? 희소성이 생겼기 때문이다. 새로운 지시에 의해 세 번째 포스터는 갑자기 선택해도 가져갈 수 없는 희소한 것으로 평가되었다. 희소성이 평가에 반영되어 순위가 바뀌었다. 사람들은 선택할 수 없는 물건에 대해 저항 심리가 작용하면 더 매력적으로 평가하는 경향이 있다. 없다고 하는 것은 더 가지고 싶고, 하지 말라고 하는 것은 더 하고 싶은 저항 심리가 희소성과 결합한 결과다.

이를 세일즈에 활용해보자. 다음과 같은 식으로 말이다.

• "현재 ○○ 색상의 제품은 재고가 없습니다. 그렇지만 지금 회신을 주시면 가능한 방법을 찾아보겠습니다."

• "○○○은 정말 매운 음식입니다. 절대 도전하지 마세요!"

세일즈를 목적으로 하는 글에서 희소성 암시가 전혀 없다면, 그 글은 자칫 최악이 될 수 있다. 고객에게 "아, 그냥 천천히 생각하고 알려주세요. 이 제품은 언제든 구입 가능하니까요. 아무 때나 주문하시면 돼요."라고 말하는 것과 같다. 친절한 말이기는 한데, '아무 때'는 결코 오지 않는다. 즉 세일즈가 되지 않는다는 말이다. 세일즈가 되지 않는 세일즈 글이라니? 친절이 항상 미덕인 것은 아니다. 특히 세일즈 세계에서는 말이다.

잘 쓰면 약, 못 쓰면 독이 되는 이모티콘

디지털 기술의 발달과 비대면에 대한 고객과 기업의 필요성이 결합하여 언택트가 인기를 끌고 세일즈 방식에도 많은 영향을 미치고 있다. 언택트 시대에서는 글이나 문자가 커뮤니케이션의 가장 중요한 수단으로 활용된다. 글이나 문자로 전하는 커뮤니케이션은 정확한 의미를 전달할 수 있다는 장점을 가지고 있다. 반면 친근함 같은 감정은 표현하기 어렵다는 단점도 있다. 자칫 상대에게 기계적 대응이라는 오해를 살수도 있다는 말이다. 이런 단점을 보완하는 대표적인 방법이 이모티콘의 사용이다.

이모티콘은 이메일이나 문자 메시지 등 비대면 온라인 환경에서 감정을 쉽고 편리하게 표현하는 데 유용한 수단이다. 분명히 글자로는 표현하기 어려운 정서적 느낌을 전달할 수 있다는 장점은 있다. 그런데 이모티콘을 사용하는 것이 모든 세일즈 커뮤니케이션에 효과적일까?

홍콩침례대와 홍콩대 공동 연구진은 세일즈에서 이모티콘 사용 효과성을 '따뜻함 warmth'과 '능숙함 competence'을 기준으로 평가했다. 고객들은 이모티콘이 들어간 글을 보면 세일즈 담당자가 보다 인간적이고 따뜻한 사람이라고 인식했다. 반면에 능숙함에 대해서는 부정적인 평가를 내렸다. 덜 전문적으로 보인다고 응답했다. 따뜻함과 능숙함은 상호 트레이드 오프 trade off로 작용했다.

이 연구 결과는 어떤 경우에 이모티콘을 사용해야 하는지를 알려준다. 일반적으로는 고객에게 따뜻한 이미지를 얻는 게 세일즈에 유리하다. 이모티콘 사용이 약이 된다. 그런데 제품이나 서비스에 불만족한 고객들과 커뮤니케이션할 때에는 이모티콘은 오히려 독이 될 수 있다. 문제 해결에 능숙한 사람이라는 인식을 고객에게 심어주는 데 이모티콘이 방해 요소로 작용하기 때문이다.

감정은 커뮤니케이션 성과에 많은 영향을 미친다. 비대면 시대에도 중요한 의사결정은 얼굴을 보면서 진행하는 까닭이다. 프러포즈를 이메일이나 카톡으로 하는 커플은 없지 않은가? 여전히 채용의 최종 절차가 면접인 것도 같은 이유다. 글은 말에 비해 이런 감정 전달의 효과가 떨어질 수밖에 없다. 이모티콘으로 글에 감정의 색깔을 입히는 것이 필요하다. 세일즈 글에도 적극 활용해보자. 다만 다음과 같은 경우에는 주의해야 한다. 역효과를 낼 수 있다.

- 전문적인 지식과 능력을 가진 사람으로 보여주어야 할 경우
- 상황을 벗어나기 위해 이모티콘을 남용하는 경우
- 이미 불쾌한 감정을 가지고 있는 상대와 커뮤니케이션하는 경우
- 맥락과 맞지 않아 상대가 이해하기 어려운 이모티콘을 사용하는 경우

15장

대조 효과

비싼 제품을
먼저 보여줘야 하는 이유

유럽에서 배낭 여행 중인 큰딸에게서 메일이 왔다.

"아빠, 잘 지내시죠? 저도 순조롭게 여행하고 있습니다. 파리에서 강도를 만나 약간의 상처를 입어 치료를 받았지만 지금은 거의 다 나았습니다. 몸에 흉터가 조금 남아 있긴 하지만 움직이는 데에는 지장이 없습니다.

하하! 아빠 이제 정말로 말씀드릴게요. 사실은 강도를 당했다는 말은 거짓말이에요. 진짜 문제는 예정보다 조금 더 여행하고 싶은데 여행 경비가 거의 바닥이 났다는 거예요. 혹시 1000유로만 보내주시면 안 될까요? 전 건강하고 안전하게 여행하고 있어요. 사랑해요, 아빠!"

나도 모르게 어느새 손가락은 계좌 이체 버튼을 누르고 있다. 이해할 수 없다는 아내의 말은 귀에 들어오지 않는다.

설득에 관한 세계적 베스트셀러인 로버트 치알디니 Robert B. Cialdini 의 《설득의 심리학》에 나오는 사례를 변형해보았다. 대조 효과란 같은 내용이라도 비교되는 대상에 따라 다르게 인식되는 효과를 말한다. 위의 사례에서 여행 경비 송금과 일정 연장을 오히려 다행이라 생각하고 대수롭지 않게 여기는 것처럼 말이다. 여기서 '오히려'를 만드는 것이 대조 효과, 즉 대조의 차이 때문이다.

대조의 차이가 우리의 인식에 미치는 영향을 좀 더 알아보자. 두 개의 네모 중 어느 것이 더 어두워 보이는가?

아마도 오른쪽을 선택한 사람이 훨씬 많을 것이다. 사실 둘 다 동일한 색이다. 배경을 가리고 네모들만 비교해보면 분명히 알 수 있다. 오른쪽 네모가 더 어두워 보이는 이유는 배경색과 대조의 차이 때문이다.

이번에는 가운데의 동그란 점들을 잘 보라. 어느 점이 더 크다고 생각하는가? 헤르만 에빙하우스 교수의 유명한 착시 그림이다.

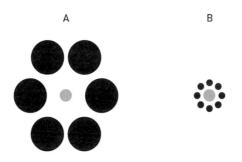

앞서의 학습 효과로 머리로는 분명히 같은 크기의 원인 것을 안다. 그럼에도 불구하고 눈으로 보기에는 여전히 B에 있는 가운데 동그란 점이 더 커 보이지 않는가? 가운데 점의 크기는 비교 대상의 크기에 따라 다르게 인식된다. 큰 점들과 비교하면 크기가 작아 보이는 반면, 작은 점들과 비교하면 훨씬 커 보인다.

대조 효과가 세일즈에 효과적인 이유가 여기에 있다. 대조 효과를 주면 세일즈 제품들에 대한 인식의 차이를 만들 수 있다. 설령 고객이 대조 효과를 의식한다고 하더라도 결과는 달라지지 않는다. 에빙하우스의 그림처럼 말이다.

비교 대상과의 차이가 클수록 대조 효과는 더욱 높아진다. 잠시 상상해보자. 지금 당신 앞에 두 개의 물통이 있다. 한 통에는 상온의 물이, 다른 통에는 얼음물이 채워져 있다. 당신은 오른손을 얼음통 안에 잠시 담근다. 그런 다음 두 손을 동시에 상온의 물에 집어넣는다. 이때 느낌이 어떨까? 양손의 느낌이 똑같은 경우는 없다. 왼손은 물이 미지근하다고 느끼고, 오른손은 뜨겁다고 느낀다. 비교되는 물에 따라 왼손과 오른손으로 느끼는 인식에 차이가 생긴 것이다. 만약 손을 얼음물에 담그는 시간을 두 배로 늘린다면 어떨까? 뜨거움을 느끼는 정도도 그만큼 커지게 된다. 비교의 차이가 인식의 크기를 결정한다!

대조 효과에 따라 제품을 소개할 때는 비교 대상의 비싼 가격을 먼저 보여주어야 한다. 바로 직전에 경험한 물의 온도에 따라 물이 미지근하거나 뜨겁다고 느껴질 수 있는 것처럼 비싼 가격의 제품을 먼저 소개하는가(그림 A처럼) 아니면 저렴한 가격의 제품을 먼저 소개하는가(그림 B처럼)에 따라 동일한 가격의 제품이 비싸게도 혹은 싸게도 느껴질 수 있는 것이다.

대조 효과를 적절히 사용하는 방법

다음 두 가지의 비교 대상을 대조 효과에 활용해보자. 세일즈에 효과적이다.

1. 제품의 원래 정가
2. 비싼 경쟁 제품

첫 번째 방법은 할인 판매를 하는 것이다. 실제 세일즈 현장에서 가장 많이 활용되고 있는 방법이다. 15만 원에서 12만 원으로 할인된 제품은 할인 없이 12만 원에 팔리는 제품보다 더 저렴하게 여겨진다. 고객은 구매한 비용은 똑같아도 할인된 제품을 샀을 때 더 큰 이득을 취했다고 생각한다.

할인 판매를 할 때, 먼저 제품에 대한 기대치를 올리고 대조 효과를 사용하면 더욱 효과가 있다. 다음 두 문장을 비교해보자.

A. "시중가 500만 원인 프리미엄 카메라 ○○을 50퍼센트 할인된 250만 원이라는 특별한 가격으로 제공합니다."
B. "프리미엄 카메라 ○○은 사진의 품질을 새로운 차원으로 끌어올린 최신 제품입니다. 누가 찍더라도 사진 전문가가 찍은 것 같은 최고 품질의 사진을 얻을 수 있습니다. 시중가 500만 원

에 판매되고 있던 것을 이번에 50퍼센트 할인된 250만 원이라는 특별한 가격으로 제공합니다."

A보다 B를 읽은 고객이 세일즈 제품에 흥미를 느낄 가능성이 높다. 제품의 할인 가격은 모두 동일하지만 B를 읽을 때는 제품에 대한 기대치가 생기고, 그 기대치가 대조 효과를 더욱 키우기 때문이다.

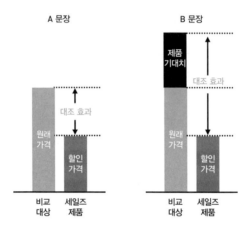

그림 제품 기대치와 대조 효과

경쟁 제품 중 상대적으로 비싼 제품을 비교 대상으로 활용하는 것도 세일즈 담당자가 자주 사용하는 방법이다.

"○○ 브랜드에서 30만 원에 판매하고 있는 패딩 점퍼보다 보온 기능이 더 향상된 제품을 20퍼센트 할인된 24만 원에 특별 판매합니다."

여기에도 세일즈 담당자가 사용할 수 있는 전략이 있다. 어떤 경쟁 제품을 비교 대상으로 삼느냐는 세일즈 담당자가 정하기에 달려 있다. 동일한 제품군 내의 제품만으로 비교 대상 범위를 제한할 이유는 없다. 비록 제품군은 다르지만 고객이 느끼는 편익이 비슷하다면 그 제품을 비교 대상으로 활용하는 것도 좋은 전략이다. 단, 가격이 세일즈 제품보다 비쌀수록 효과적이다.

캡슐 커피를 예로 들어보자. 캡슐 한 개당 가격은 대략 500~900원 정도다. 대조 효과를 위해 아래 글처럼 다른 인스턴트 커피와 비교하면 어떨까?

"저희 캡슐 커피는 인스턴트 커피보다 가격은 조금 비싸지만 커피의 맛은 월등합니다!"

세일즈로 보면 거의 자살골 수준이다. 저렴한 제품을 먼저 보여준 후에 그것보다 비싼 캡슐 커피를 내놓는다면 캡슐 커피가 더욱 비싸게 느껴질 것이 분명하기 때문이다. 에빙하우스 그림 B처럼 말이다. 비싸게 포지셔닝해야 할 특별한 이유가 없다면 이렇게 적는 것은 세일즈에 결코 도움이 되지 못한다.

그렇다면 테이크아웃 커피를 비교 대상으로 하면 어떨까? 고객에게 제공하는 편익 측면에서는 서로 비슷한 제품이다.

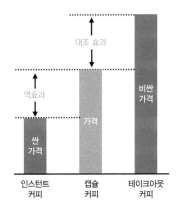

그림 **캡슐 커피와 대조 효과**

"이제 집에서도 편안하게 좋은 원두의 깊은 맛을 볼 수 있습니다. 테이크아웃 커피 한 잔 값(○○ 커피 기준)이면 일주일 커피값(하루 한 잔 기준)이 해결됩니다!"

이 글을 읽은 고객은 커피 캡슐이 밖에서 마시는 것에 비해 가성비가 좋은 제품이라고 인식하게 된다. 대조 효과가 작용한 덕분이다.

제공하는 편익이 유사하다면 어떤 제품이라도 서로 비교 대상이 될 수 있다. 세일즈 글에 꼭 활용해보자. 실망할 일은 없다!

16장

후광 효과

하나가 나쁘면
모든 것이 나빠 보인다

🛍
🏪
🏷
💠
🚚

만두를 사러 마트에 갔다. 냉동만두 코너에는 다양한 만두들로 가득했다. 어떤 것을 고를까 잠시 고민하다 최근 TV 광고에서 본 A 만두를 집었다. 내가 좋아하는 배우가 광고 모델로 나오는 제품이다. 품질도 좋고 맛있어 보였다. 가격이 조금 비싸긴 하지만 그 정도야. 그런데 집에서 만두를 맛본 가족들 반응이 영 시큰둥하다. 둘째가 자리에서 일어서며 한마디 한다. "나머지는 아빠가 다 드세요!"

우리는 사람이나 사물을 판단할 때 두드러지게 좋은 하나에 현혹되면 다른 것들도 좋을 거라는 결론을 쉽게 내린다. 반대의 경우도 마찬가지다. 하나가 나쁘면 모두가 나빠 보인다. 이것을 '후광 효과 halo effect'라고 한다.

처음에 A 만두를 선택한 이유는 후광 효과 때문이다. 좋아하는 배우의 이미지가 그 배우가 광고하는 만두에 후광으로 작용하여 만두에 대한 호감을 높여준 덕분이다. '좋은 배우=좋은 만두'가 된 셈이다. 여기서 눈여겨보아야 할 점이 있다. 만두 품질을 객관적으로 판단한 것은 아니었다. '배우가 좋으니 만두도 좋겠지.'라고 무의식적으로 끌렸을 뿐이다.

논리적으로 따지면 이는 분명 말이 되지 않아 보인다. 광고 모델을 좋아하는 것과 제품이 좋은 것이 무슨 관련이 있겠는가? 그러나 우리가 판단을 할 때는 논리적 타당성보다 심리적 끌림에 더 많은 영향을 받는다. 각종 광고들을 보자. 수많은 유명인들이 광고 모델로 활동하고 있다. 왜 예쁜 배우가 부동산 전문가인 것처럼 묘사되고, 잘생긴 배우가 영어교육 전문가인 양 꾸며지는지 논리적으로는 이해하기 어렵다. 그러나 판매에는 확실히 효과가 있다. 심리적 끌림을 만드는 후광 효과가 무의식적으로 작용하기 때문이다.

2014년에 기아자동차 쏘울의 유럽 판매가 두 배 이상 급증했다. 이유는 무엇이었을까? 기아자동차 품질이 갑자기 높아진 것도 아니고, 마케팅에 엄청 많은 돈을 쏟아부은 것도 아니었다. 이유는 그해 8월에 있었던 프란치스코 교황의 한국 방문과 관련이 있었다. 이때 교황의 의전차량으로 쏘울이 선택되자 '교황이 탑승한 차'라는 후광 효과가 만들어졌다. 이것이 매출에 큰 영향을 미친 것이다.

후광 효과를 의도한 세일즈 문구들은 정말 많다. 몇 개만 예로 들어보자. 자사 제품이나 서비스 광고에 나오는 스타를 활용하는 방법이 가장 대표적이다.

- "대세 연예인 ○○○도 하루 10분 공부로 입이 트이게 만든 영어회화 사이트입니다."

- "○○ 선생님이 자신 있게 추천하는 남자에게 특히 좋은 녹용입니다."

광고가 없다면 이렇게 적을 수도 있다. 스타나 저명인사와 인연을 강조하는 방법이다.

- "인기 아이돌 가수 ○○가 직접 와서 빵을 고른 맛집입니다."
- "○○○ 대통령이 자주 찾던 순두부찌개 전문점입니다."

세일즈에서는 어떤 것이라도 후광으로 활용할 수 있다. 스타나 저명인사 같은 사람뿐만 아니라 사람들의 고정관념도 후광이 될 수 있다. 물론 세일즈에 긍정적인 고정관념이어야 한다.

- "대치동에서 10년 동안 수학을 가르친 노하우를 일산에서 공유하겠습니다."
- "어머니 마음으로 하나하나 손으로 정성껏 담은 40년 전통의 젓갈을 판매합니다."

고객들은 결국 겉표지로 책을 판단한다

글에 후광 효과가 발휘되기 위해서 절대 놓치지 말아야 할 것이 있다. 말이 아닌 글에서는 '형식'이 아주 중요하다는 사실이다. 영어 속담에 '겉표지로 책을 판단하지 말라Don't judge a book by its cover'라는 말이 있다. 겉으로 보이는 표지로 판단하지 말고, 안에 담긴 내용으로 책을 사라는 의미다. 물론 맞는 말이다. 그러나 멋진 표지의 책에 시선이 먼저 가고, 내용도 좋을 거라는 생각이 드는 것은 막을 수 없다. 뇌의 무의식 영역에서 일어나는 일이기 때문이다. 반대로 나쁜 표지에는 부정적 후광 효과가 생긴다. 그것이 아니라면 왜 수많은 출판사에서 책을 출간할 때 표지에 대해 그토록 고민하겠는가?

책뿐만이 아니다. 같은 물건이라도 명품 브랜드가 새겨진 쇼핑백에 담긴 물건은 더 괜찮아 보이고, 같은 술이라도 고급 빈티지 병에 담겨 있으면 더 맛있어 보인다. 사람에게도 동일하게 작동한다. 여러 연구에 의하면 사람들은 외모가 좋은 사람을 더 다정하고 솔직하며 지적인 사람으로 인식한다고 한다.

성과가 목적인 세일즈 글은 일기나 친구에게 보내는 메일과 다르다. 속에 있는 내용 못지않게 겉으로 보여지는 것도 중요하다. 외모도 신경 써야 한다는 말이다. 긍정적 후광 효과에 필요한 일이다. 반대로 지저분한 외모의 글은 부정적 후광 효과를 불러온다.

글이 좋은 외모를 갖추기 위해 필요한 요소와 제거해야 할 요소는 다음과 같다.

필요 요소	제거 요소
매력적인 제목 간결한 문장 문서 디자인 및 시각화	전문 용어 사용[1] 글쓰기 오류[2] 맞춤법 실수 및 오타

---

1   전문가들을 대상으로 하거나 전문성을 의도적으로 보여주기 위해 사용하는 경우는 제외
2   본서 '한 줄로 사로잡는 고수의 비책⑥-흔히 저지르는 글쓰기 실수' 참조

17장

손실 회피

손해 볼 수 있다는 불안감이
구매욕을 자극한다

저녁에 돌아와보니 아내의 얼굴에 짜증이 가득 차 있다. 이유를 물으니 아내가 한숨을 내쉬면서 이야기한다. "오늘 낮에 친구와 한정식집에 갔을 때까진 기분이 좋았어. 오랜만에 만난 친구와 즐거운 시간을 보냈지. 1인분에 5만 원씩이나 하는 밥값도 친구가 내주었고 말이야. 그런데 헤어지고 차에 타려는데 주차 단속 스티커가 붙어 있잖아. 4만 원이 그냥 날아가게 되었어. 그 돈이 너무 아깝고 속상해!" 아내의 기분을 풀어준답시고 한마디 했다. "돈으로 따지면 이익은 5만 원이고 손실은 4만 원이네. 어쨌든 이익이 더 많잖아?" 그런데 이 말을 들은 아내의 눈빛이 심상치 않다. 내가 무엇을 잘못한 걸까?

우리는 같은 값이면 얻은 것보다 잃어버린 것의 가치를 더 크게 평가한다. 1만 원을 잃어버렸을 때와 1만 원을 선물받았을 때를 비교해보라. 같은 금액이라도 잃어버렸을 때 느낀 심리적 고통이 이익을 얻었을 때의 기쁨보다 더 크지 않았던가? 내가 잘못한 점은 이것을 무시하고 말했다는 것이다. 아내를 포함한 우리 모두가 가지고 있는 '손실 회피loss aversion' 심리 말이다.

손실 회피란 동일한 크기라면 이익에서 얻는 기쁨이나 즐거움 같은 효용보다 손실에서 느끼는 고통이나 상실감 같은 비효용을 더 크게 느껴, 손실을 줄이려고 하는 심리를 말한다. 노벨경제학상을 수상한 대니얼 카너먼 교수는 손실과 이익에 대한 새로운 가치함수를 제시하며, 같은 값일 때 왜 손실을 이익보다 더 크게 느끼는지를 설명하였다.

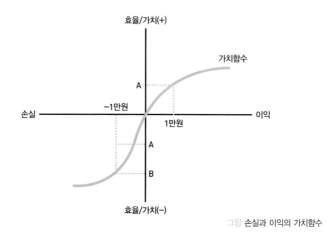

그림 손실과 이익의 가치함수

가치함수 기울기는 손실과 이익 영역에서 같지 않다는 점에 주목해야 한다. 손실 영역에서의 기울기가 더 가파르다. 이는 동일한 값이면 손실에서 느끼는 비효용이 훨씬 클 수밖에 없다는 것을 의미한다(그림에서 1만 원의 이익과 손실을 비교해보라). 손실의 가치는 이익에 비해 1.5~2.5배로 알려져 있다. 물론 이는 평균적으로 그렇다는 말이다.

사람에 따라 손실에 더 민감할 수도, 둔감할 수도 있다.

손실 회피 심리를 세일즈 글에 활용하는 전략은 다음과 같다.

구매할 때의 이익보다
구매하지 않았을 때의 손실을 강조하라

무언가를 잃어버릴 수도 있다는 불안감은 동일한 가치의 무언가를 얻는 것보다 고객들의 구매 욕구를 더 강하게 이끌어낸다.

영국의 광고 전문가 리처드 쇼튼Richard Shotton 은 참가자 834명을 두 그룹으로 나눈 뒤, 손실 회피가 그들의 구매 욕구에 미치는 영향을 조사했다. A그룹에는 현재 이용 중인 에너지 공급회사를 새로운 곳으로 변경하면 100파운드를 아낄 수 있다고 말했고, B 그룹에게는 바꾸지 않으면 100파운드의 손해를 볼 수 있다고 알려주었다. 어떤 결과가 나왔을까?

새로운 구매로 얻을 수 있는 이익을 들은 A그룹에서 구매 의사를 표현한 사람의 비율은 7.4퍼센트였다. 반면에 손해를 입을 가능성을 들은 B 그룹에서는 10.7퍼센트가 업체를 변경하겠다고 하였다. 사람들이 이익보다 손실에 더 민감하게 반응한 결과다.

다음은 고객들의 손실 회피 심리를 활용한 글들이다.

- "지금 멤버십을 해지하시면 빠른 배송, 적립된 마일리지와 VIP 혜택을 더 이상 누리실 수 없습니다!"
- "에어프라이어를 사용하지 않으시면 최대 82퍼센트 정도의 지방 감소 효과를 포기하시는 것입니다."

- "만약 건강검진을 받지 않으면 질병을 초기에 발견할 때보다 수십 배나 많은 치료비를 부담하실 수 있습니다."

구매로 발생하는 이익은 나누고 손실은 합쳐서 표현하라

인공지능 로봇도 손실 회피를 할 수 있을까? 아직은 아니다. 손실 회피는 논리적 계산으로는 풀 수 없는 감정의 문제이기 때문이다. 감정은 강도가 아니라 빈도가 더 중요하다고 한다. 감정 자극을 경험하는 빈도가 크기보다 감정에 더 많은 영향을 준다.

따라서 이익을 언급하는 횟수가 많을수록 세일즈에 유리하다. 고객의 긍정적 감정이 강화되기 때문이다. 반대로 손실 언급은 최소화한다. 이를 위해서 구매로 얻는 이익은 나누어 여러 번 표현하고, 구매로 생기는 손실은 합쳐서 최소 빈도로 표현한다.

1. 이익을 나누어 표현하기

베이커리를 20퍼센트 할인하는 행사를 기획 중이라면 20퍼센트 할인이라고 고객 이익을 전부 포괄하여 하나로 보여주는 것이 아니라 나누어 보여주는 것이 더 효과적이다.

- "겨울맞이 고객 감사 이벤트로 베이커리를 20퍼센트 할인된 가격에 제공하고 있습니다." → "겨울맞이 고객 감사 이벤트로 베이커리를 시즌 할인 10퍼센트, 멤버십 할인 5퍼센트, 특별 할인 5퍼센트를 합해 총 20퍼센트 할인된 가격에 제공하고 있습니다."

휴대폰을 세일즈할 때도 같다.

- "구입비를 30만 원 이상 절약할 수 있습니다." → "통신사 할인 15만 원, 매장 판촉 할인 10만 원, 폰 반환 할인 최소 5만 원으로 모두 합치면 최소 30만 원 이상을 절약할 수 있습니다."

2. 손실을 합쳐서 표현하기

각종 특약이 들어간 보험 상품을 소개하는 경우, 모두 금액을 합쳐서 총보험료로 한 번만 언급하는 것이 유리하다. 고객 입장에서는 내야 할 돈은 손실로 인식되기 때문이다.

- "기본 보험료 ○○원, 암 특약비 ○○원, 간병 특약비 ○○원, 입원 특약비 ○○원 모두 합쳐서 ○○원입니다." → "총보험료는 ○○원입니다. 암, 간병, 입원 특약비가 포함된 금액입니다."

버거를 판매하는 경우에도 사이드 메뉴까지 포함해서 세트 가격이라는 하나의 금액으로 제시하는 편이 유리하다.

- "○○버거 세트는 5000원입니다. 불고기버거, 감자튀김, 탄산음료가 포함되어 있습니다."

세일즈는 논리보다 공감이 먼저

사무실의 재계약 날짜가 다가오고 있어 계약 연장 여부를 고민하고 있었다. 그때 지하철역 근처에 다른 공유사무실이 오픈했다는 소식을 들었다. 공유사무실 관리자와 약속을 정하고 방문해서 사무실을 둘러보고 이용 조건에 관한 설명도 들었다.

프로모션 기간이라 임대료도 저렴하고, 사무실 및 공용 공간이 잘 관리되고 있다는 느낌을 받았다. 특히 지하철과 가까운 거리에 사무실이 있다는 점이 마음에 들었다. 지금의 사무실은 대중교통이 조금 불편한 곳에 위치해 있다. 공용 공간을 시간적 제한 없이 자유롭게 이용할 수 있는 점을 제외하면 대부분의 이용 조건이 기존 사무실보다 나아 보였다. 그렇다면 여기와 계약했을까? 아니다. 지금부터 그 이유를 얘기하려 한다.

기존 사무실을 A라고 하고 방문한 사무실을 B라고 하자. 다음 표는 A와 B의 이용 조건을 비교해 매력도를 평가한 결과다. 사무실이라는 세일즈 상품은 B가 월등히 좋았다.

구매 동기 요소		A	B	비고
상품 매력도	임대료	7	9	
	위치	2	10	
	쾌적함	4	9	항목별 점수는 최저 1점, 최고 10점
	공용 공간	5	8	
	이용 편의성	9	3	
	계	27/50	39/50	

평가 점수가 12점이나 차이가 났는데도 왜 B로 결정하지 않았을까?

우리가 어떤 상품을 구매할 때는 그 상품만 사는 것이 아니다. 그것을 파는 사람도 함께 산다. 거리에서 좋지 못한 차림의 사람이 다가와 물건을 사라고 권유하는 경우를 가정해보자. 필요한 물건이었고 상태도 그럴듯하지만 판매하는 사람은 신뢰하기 힘들어 보인다. 그 물건을 사겠는가? 껌이나 볼펜 같은 것들은 살지도 모른다. 그렇다면 스마트폰이나 노트북은 어떨까? 대개는 사지 않는다. 물건의 가격이 높을수록 판매하는 사람에 대한 평가가 구매 동기에 큰 영향을 미친다.

우리는 구매를 할 때는 의식적이든(물건값이 비쌀수록) 무의식적이든(물건값이 저렴할수록) 판매자도 함께 평가한다. 따라서 구매 동기의 크기는 상품 매력도×판매자 신뢰 수준으로 표현할 수 있다.

상품 매력도와 판매자에 대한 신뢰 수준이 높을수록 구매 가능성은 높아진다. 여기서 함수에 '×'를 사용했다는 점에 유의하자. 판매자에

구매 동기 = 상품 매력도 × 판매자 신뢰 수준

대한 신뢰 수준이 제로라면 아무리 매력적인 상품이라도 구매하지 않는다는 의미다. 사무실을 B로 바꾸지 않은 이유도 여기에 있었다. 사무실 자체는 매력적이었지만 판매자(여기서는 관리자와 동일)에 대해 신뢰할 수 없었다.

사무실 B의 관리자는 내가 묻는 질문에 대한 거의 모든 대답을 규정을 가지고 이야기했다. "주말에 회의실 이용 가능한가요?"라고 물으면 "안 됩니다. 평일 9시부터 5시까지 관리자가 있는 시간만 이용할 수 있습니다. 저희 규정입니다."라는 대답을 하고 "지금 회의실 잠깐 사용해도 될까요?"라고 물으면 "안 됩니다. 저희 규정상 임대차 계약 체결 후 입금까지 완료하셔야만 이용 가능합니다."라는 대답을 내놓았다. 모든 것을 규정 탓으로 돌리는 관리자에게 신뢰가 생기질 않았다.

규정은 물론 지켜져야 한다. 그러나 최소한 고객의 입장에서 생각하며 규정 안에서 도와줄 수 있는 부분을 찾아보려는 노력은 보여주어야 한다. 설령 고객이 원하는 대답을 줄 수 없다고 하더라도 말이다. 규정만 얘기하는 로봇 같은 판매자에게 신뢰의 감정을 느낄 수 있을까? 세

구매 동기 요소		A	B	비고
상품 매력도	임대료	7	9	항목별 점수는 최저 1점, 최고 10점
	위치	2	10	
	쾌적함	4	9	
	공용 공간	5	8	
	이용 편의성	9	3	
	소계	27/50	39/50	
판매자 신뢰 수준		7	3	
합계		189	117	소계×신뢰 수준

일즈에서는 논리보다 공감이 먼저다.

A와 B의 사무실 판매자(관리자)에 대한 신뢰 수준을 넣어서 새롭게 평가한 표는 아래와 같다. 판매자에 대한 신뢰 수준의 차이가 B를 선택하지 못한 결정적 요인이었다.

통상 가격이 비싸고 한 번 구매 후 오래 사용하는 상품일수록 판매자의 영향을 많이 받기는 하지만, 어떤 상품이라도 판매자를 평가하지 않고 구매하는 경우는 없다. 따라서 세일즈는 상품뿐만 아니라 판매하는 사람 자신도 파는 활동이라 생각해야 한다. 고객에게 상품과 함께 자신도 파는 것이다. 마음속으로 '고객님! 이 상품을 구입하시면 고객의 눈높이에서 바라보고 행동하는 최고의 세일즈맨인 저를 함께 얻는 것입니다.'라고 생각하며 말이다.

3부

더는 만나주지 않는
고객에게 어떻게 팔 것인가

: 상황별 세일즈 글쓰기 연습

18장

세일즈 글쓰기는 눈이 아니라
손이 하는 것이다

이솝 우화에 실린 여우와 신 포도 이야기를 들어봤을 것이다. 옛날 기억을 더듬으며 읽어보면 좋겠다.

어느 날, 여우 한 마리가 길을 가다가 높은 가지에 매달린 탐스럽게 잘 익은 포도를 보았다.

"아, 참 맛있겠다. 군침이 도는군."

너무나도 맛있어 보여 도저히 그냥 지나칠 수 없었던 여우는 포도를 먹기 위해 높이 점프했다. 그러나 발이 닿기엔 포도가 너무 높이 달려 있었다.

여우는 여러 차례 힘을 다해 뛰었지만 결과는 그대로였다. 마침내 여우는 포도 따기를 포기하면서 말한다.

"저 포도는 맛없는 신 포도일 거야!"

심리학에서 자기합리화 사례로 자주 인용되는 우화다. 여우가 따려던 포도는 아마도 맛있고 달았을 것이다. 여우도 이것을 알기에 처음엔 포도를 먹으려 높이 점프했다. 그런데 여러 번 시도해도 포도를 따지 못하자 여우의 생각은 바뀌게 된다. 저 포도는 실은 맛이 없을 거라고. 내가 포도를 따지 못해 그만두는 것이 아니라 맛없는 신포도라서 그만두는 거라고 스스로 위안을 하면서 말이다. 재미있지 않은가? 포도는 그대로인데 그 포도를 대하는 여우의 태도는 달라졌다. 이것을 자기합리화라고 한다.

여기서 포도는 성장 목표로 볼 수 있다. 포도를 딴다는 것은 자신이 원하는 성장과 발전을 이룬다는 것을 의미한다. 그런데 현실은 주로 어떤가? 대다수 사람들은 목표를 세우고 실현을 위해 노력하다가 안 되면 이런 식으로 생각한다.

'내가 달성하기에는 너무 높은 목표야!'

'이렇게 시도라도 했으니 됐어.'

'다른 목표부터 처리하고 나중에……'

어떤가? 포도를 포기하고 돌아서는 여우와 비슷하지 않은가? 세일즈맨으로 성장과 발전을 원한다면 여우처럼 자기를 합리화시키는 것을 경계 1순위에 두어야 한다. 여기에 도움이 되는 방법이 있다. 자신에게 다음의 두 가지 질문을 던지고 답해보는 것이다.

첫 번째 질문은 '내가 원하는 목표는 내가 도저히 닿을 수 없는 지점에 있는가?'이다. 목표에 도달할 수 있는지 여부는 딱 하나의 기준만 보면 된다. 그곳에 도달한 사람이 있었는지다. 현대 심리학이 발견한 것 중에 여기에 도움이 되는 규칙이 있다. 다른 누군가 단 한 사람이라도 했던 일이라면 그 일은 우리도 할 수 있다는 것이다. 여기에 '그렇다'고 답했다면 그 목표는 우리도 달성할 수 있는 목표임이 분명하다.

두 번째 질문은 '내가 지금 여우와 같이 행동하고 있는 것은 아닌 가?'이다. 목표에 도달하기 힘든 것은 목표가 잘못되어서가 아닌데 자꾸 목표 탓만 하고 있는 건 아닌지 스스로 점검해보자. 단 한 사람 이라도 도달했던 목표라면 자신도 달성하지 못할 이유가 없다. 다만, 아직 능력이 부족하거나 방법을 잘 모르기 때문일 뿐이다. 적합한 능 력을 개발하고 올바른 방법만 찾으면 된다.

세일즈 글쓰기를 익히는 과정도 마찬가지다. 세일즈에서 효과적인 글쓰기 스킬이란 달콤한 포도와 같이 세일즈 성과에 큰 영향을 미친 다. 물론 글을 잘 쓰기란 쉽지는 않지만 이미 많은 성공한 세일즈맨 들이 가지고 있는 핵심 스킬이다(당신도 할 수 있다는 말이다).

익히는 과정에서 아직은 서투르고 힘이 든다고 해서 '세일즈하는 데 글쓰기는 그다지 도움이 안 돼.', '이거 못해도 세일즈할 수 있어, 여태껏 그랬듯이.'라는 식으로 세일즈 글쓰기 목표를 신 포도처럼 취 급하지 말자. 목표 달성이 힘들다고 목표를 부정해선 결코 원하는 성 장과 발전을 이뤄낼 수 없다. 목표 달성이 어려우면 방법을 바꾸거나 능력을 키울 일이다. 자기합리화를 통해 목표를 부정하면 그 순간은 마음이 편해지겠지만 말이다.

글쓰기에 빨리 능숙해지고 싶다면

처음부터 글을 잘 쓰는 사람은 없다. 물론 글쓰기에 재능이 있는 사람(A)도 있고, 그렇지 않은 사람(B)도 있다. 시작 지점은 사람마다 다르다. 그러나 글쓰기 실력을 갖기 위해서 누구에게나 동일하게 적용되는 조건이 있다. 연습 시간이다. 글이란 엉덩이로 쓴다는 말이 있다. 엉덩이를 붙이고 글을 쓰는 시간만큼 글쓰기 실력이 늘어난다는 의미다. 이렇게 글쓰기는 '시간'이라는 변수에 가장 큰 영향을 받는다. 글을 쓰는 시간이 많을수록 글쓰기 실력은 좋아진다.

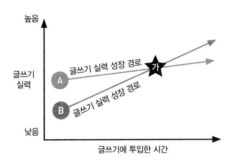

그림 글쓰기 실력은 투입 시간에 비례한다

그런데 그림에서 보듯이 글쓰기 실력 향상에 영향을 미치는 요소로는 연습 시간 외에도 한 가지가 더 있다. 무엇일까? 예를 들어 '가' 지점에서 A와 B의 글쓰기 실력이 역전되는 현상이 발생했다. 글쓰기에 투입된 시간은 동일한데 말이다. 무엇이 그렇게 만들었을까? 기울기의 차이 때문이다. B의 글쓰기 실력 성장 그래프는 A의 것보다 기울기가 가파르다. B의 글쓰기 실력은 A보다 낮았지만 기울기가 달랐기 때문에 일정 시간이 지난 뒤에는 수준이 뒤바뀌었다.

기울기의 크기는 무엇이 결정할까? 바로 글쓰기 연습 전략이다. 어떤 전략을 가지고 글쓰기 연습을 하느냐가 글쓰기 실력 향상에 많은 영향을 준다.

그러므로 글쓰기에 빨리 능숙해지고 싶다면 글쓰기 연습을 전략적으로 하자. 남들보다 한 발 앞서 글쓰기 실력을 기르는 길이다.

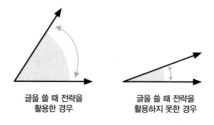

글을 쓸 때 전략을   글을 쓸 때 전략을
활용한 경우   활용하지 못한 경우

그림 글쓰기 연습 전략이 기울기를 결정한다

1. 질보다 양을 추구한다

좋은 글은 글의 양에서 나온다. 완벽주의에 빠져 허우적대는 것보다 엉성하지만 꾸준히 작성하는 것이 중요하다. 매일 조금씩, 많이 쓸수록 글쓰기 실력은 늘게 되어 있다. 처음부터 끝까지 자신의 글을 쓰려고 애쓸 필요도 없다. 쓸 내용이 없으면 다른 사람의 글 중 괜찮은 내용을 노트나 PC로 옮겨 적는 것도 글쓰기에 도움이 된다.

단, 이때 유의해야 할 점이 있다. 좋은 표현을 옮길 때는 '손으로' 직접 쓰거나 타이핑해야 한다. 사진을 찍어 그림으로 저장하는 것은 여기서 말하는 작성이 아니다. 글쓰기는 눈이 아니라 손으로 하는 것이다. 무조건 손으로 많이 작성한다. 작성한 글이 많을수록 좋다. 질보다 양이 먼저다.

2. 실수에 대한 피드백을 최대한 많이 한다

스킬을 배울 때 최적화된 학습 방법이 시행착오 학습법trial and error learning 이다. 아직 미숙하고 서툰 스킬이라도 일단 시도하여 실수를 발견한 뒤, 그 실수에 대한 피드백 결과를 가지고 다시 재시도하는 학습법을 말한다. DNA에 의해 유전적으로 체득하는 경우를 제외하고 자전거 타기, 운전하기, 글쓰기 등 우리가 스킬이라고 이름 붙일 수 있는 것 중에 시행착오 과정을 겪지 않고 습득한 것은 없다.

시도와 피드백 횟수가 증가할수록 스킬은 더욱 향상하게 된다. 앞서 말한 '질보다 양'이라는 자세로 최대한 많이 시도해 실수를 많이 발견해야 한다. 발견한 실수에 대한 피드백이 많을수록 스킬 향상 속도가 빨라진다.

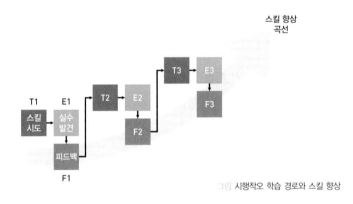

그림 시행착오 학습 경로와 스킬 향상

글쓰기 스킬 향상에 도움이 되는 피드백 팁은 다음과 같다.

첫째, 소리 내어 글을 읽는다. 소리가 들릴 듯 말 듯 중얼거리며 읽어도 좋다. 글이 마치 말하듯이 부드럽게 읽히는지가 중요하다. 읽기 힘들거나 어색한 부분은 수정해야 한다. 세일즈 글은 무조건 술술 읽혀야 한다.

둘째, 시간의 간격을 두고 고친다. 자신의 글에 몰입할수록 객관성이 결여되어 시야가 좁아질 수 있다. 글의 장점만 보이고 결점은 잘 보이지 않는다. 가능하다면 하루 이상의 간격을 두고, 일정이 급하다면 한 시간 정도 다른 일을 한 뒤 다시 보고 고치는 것이 좋다. 이렇게 일정 시간이 지난 후 다시 글을 보면 오타나 맞춤법 등 작은 글 실수를 찾는 데도 도움이 된다.

셋째, 다른 사람의 의견을 듣는다(표현의 진부함과 고정관념을 벗어나는 데 도움이 된다). 피드백에 도움이 되는 사람 중 최고는 같은 일을 하고 있는 동료다. 동료에게 자신의 글을 보여주며 의견을 구하라. 의견을 묻는 상대의 경험이 풍부할수록 더욱 좋은 조언을 얻을 수 있다. 특히 글쓴이는 눈치채지 못하는 표현의 진부함을 잘 찾아줄 것이다.

3. 자신만의 글쓰기 자원 창고를 만들어 관리하자

자원이 많을수록 글을 쓰는 데 유리하다. 글쓰기에 있어서 자원은 아이디어와 자료들이다. 이 아이디어를 저장하는 자신만의 창고, 토피카topica를 만들어 관리하자.

토피카는 아리스토텔레스의 글에서 유래한 말이다. 우리말로는 흔히 '이야기 터' 또는 '말 터'로 번역된다고 한다. 좀 더 쉽게 말해 아이디어 창고라 할 수 있다. 토피카에는 주로 다음과 같은 것들이 저장된다.

- 세일즈 글쓰기에 관한 자신의 아이디어
- 참고할 만한 다른 사람의 좋은 글이나 샘플
- 세일즈 상품 추가 설명 자료
- 고객의 긍정적인 경험글이나 추천사

토피카는 스쳐 지나가는 아이디어를 붙잡아 기억으로 저장시켜준다. 망각이 기본값인 우리 뇌에서 반복하여 정리하지 않은 아이디어는 금방 사라지게 된다. 이렇게 토피카에 저장된 아이디어는 글을 쓸 때 유용하게 활용할 수 있다. 관련 있는 아이디어를 적당히 편집하여 연결하기만 해도 좋은 세일즈 글이 만들어진다. 글을 잘 쓰는 사람은 이 토피카를 잘 관리하는 사람이기도 하다.

토피카는 종이 수첩이나 노트에 적어 만들 수 있지만 스마트폰의 메모 앱이 검색 및 활용도에서 훨씬 유리하다. 책을 읽고 TV를 보고 이동하는 중에도 글쓰기 아이디어가 떠오르거나 좋은 자료를 발견하면 아이디어 토피카에 즉시 기록하여 보관한다.

이때 두 가지에 유의하자. 첫째, 아이디어나 자료는 가공하지 않고 날것 그대로 적는다. 토피카는 말 그대로 창고일 뿐이다. 가공은 실제로 글을 쓸 때 한다. 가공했는데 활용하지 않는다면 시간만 낭비한 꼴이 된다. 또한 토피카에 저장하는 절차를 최대한 간략히 만들어야 습관으로 쉽게 자리 잡을 수 있다. 인지적 부담감이 적어 행동으로 실행하기 용이하기 때문이다. 습관은 행동의 반복에서 만들어진다.

둘째, 토피카에 주제별로 폴더를 만들어 아이디어나 자료를 저장해야 한다. 여러 폴더에 중복해서 저장하는 것은 문제가 되지 않는다. 단, 하나의 폴더에 모든 것들을 집어넣거나 날짜를 폴더명으로 사용하지는 말자. 필요한 자료를 검색하기가 쉽지 않다.

4. 창조적으로 모방한다

피카소는 "훌륭한 예술가는 모방하고, 위대한 예술가는 훔친다."

라는 유명한 말을 남겼다. 하늘 아래 처음부터 새로운 것은 없다. 세일즈 글을 작성할 때 도움이 되는 좋은 글이라면 동종 업계의 글이든 아니든 상관없이 적극적으로 가져와 활용하자.

국내 최고의 카피라이터 정철 작가도 《카피책》에서 좋은 카피를 쓰기 위해 '훔칠 것'을 강조했다.

"훔치십시오. 법정에 피고인으로 설 염려만 없다면 뭐든 좋습니다. 훔쳐 와 아이디어 재료로 사용하십시오. 모방하고 패러디하십시오. 법전, 역사, 문학, 노래, 책, 연극, 영화, 전설, 속담, 격언, 논문, 개그, 드라마, 만화, 뉴스, 광고, 그림, 사진, 조각, 아니 화장실 벽에 붙은 낙서도 좋습니다."

단, 다른 사람의 글을 단순히 베끼는 데에서만 그쳐서는 안된다. 가져온 글에 자신만의 새로운 가치를 담아 차별화를 시도해야 한다. 남들과 똑같은 글을 가지고는 결코 남들보다 앞설 수 없다.

5. 늘 배우고 익힌다

세계적인 리더십 구루 존 맥스웰John C. Maxwell 박사는 리더십과 성공의 관계를 '한계의 법칙the law of the lid'으로 설명했다. '한계의 법칙'이란 리더십 역량이 성공 수준의 뚜껑lid처럼 작용한다는 뜻이다. 한계의 법칙에 따르면 어떤 사람의 리더십 역량이 낮으면 낮을수록 도달 가능한 성공 수준도 낮고, 반대로 높으면 높을수록 도달 가능한 성공 수준도 높다고 한다. 예를 들어 당신의 리더십 역량이 3이라면 당신의 성공 수준은 3을 넘을 수 없고, 8이라면 8을 넘을 수 없다는 것이다.

이 법칙은 리더십뿐만 아니라 세일즈에도 동일하게 적용된다. 세일즈 역량이 세일즈 분야에서 이룰 수 있는 당신의 성공의 크기를 결정한다.

브라이언 트레이시도 세일즈맨으로 성공하기 위해서는 먼저 자신의 역량 수준부터 높일 것을 강조했다. 세일즈맨의 역량 수준이 그가 도달할 수 있는 세일즈의 한계가 되기 때문이다. 물론 낮은 수준으로도 기대 이상으로 큰 세일즈 성과를 얻을 수 있지만, 그건 감나무 아래에서 저절로 감이 떨어지기를 기다리는 것과 같다. 세일즈에서 불확실한 운에 기대는 것만큼 미련한 행동도 없다. 감을 따고 싶다면 감나무 위로 올라갈 수 있는 역량이 필요하고, 그 역량의 크기가 딸 수 있는 감의 개수를 결정한다.

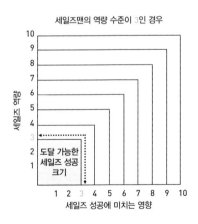
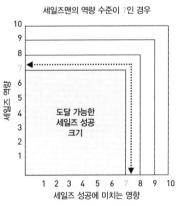

그림 세일즈 역량이 세일즈 성공의 크기를 결정한다

강의를 하다 보면 여러 분야의 다양한 사람을 만나게 된다. 만나는 사람들은 매번 다르지만 공통적으로 보이는 현상이 있다. 자리가 지정되어 있지 않은 경우, 강의장 앞쪽은 가장 마지막에 채워진다. 교육생 대부분 앞에 앉길 꺼린다. 당신도 그렇지 않은가? 만약 '아니'라고 자신 있게 대답했다면 도달할 수 있는 성공의 크기가 남들보다 높을 가능성이 큰 사람이다. 간혹 일부러 앞자리에 앉는 사람들을 만나기도 한다. 강의 중 틈틈이 그들과 이야기해보면 그들의 배움에 대한 호기심과 성장에 대한 열정이 남들과 다르다는 것을 느낀다. 나중에 교육 담당자를 통해 들은 사실로 그들 대부분은 조직에서 이미 인정받고 있거나 세일즈 실적이 뛰어난 사람들이었다.

배우고 익히는 가장 좋은 방법 하나를 꼽으라면, 책을 읽는 것이다. 특히 독서는 사고의 폭을 넓히는 것뿐만 아니라 글쓰기 스킬에 필수적인 어휘력을 높이는 데에도 큰 영향을 미친다. 전달 수단으로 얼굴 표정과 바디랭귀지의 도움을 받을 수 없는 글에서 고객을 논리적으로 설득하기 위해서는 적절한 단어의 사용이 가장 중요하기 때문이다.

흔히 저지르는 글쓰기 실수

좋은 글은 누군가가 그 글을 읽고 글쓴이가 무엇을 말하려고 하는지를 쉽게 이해할 수 있는 글이다. 애초에 글쓴이 혼자 보는 목적으로 쓰는 일기가 아닌 이상 상대가 이해하기 어려운 글은 좋은 글이라고 할 수 없다. 글을 읽는 상대가 고객(잠재고객 포함)인 세일즈 글에서 이 점은 특히 중요하다. 세일즈 글의 메시지를 이해하지 못했는데 지갑을 기꺼이 열고 제품을 구매하는 고객은 없다.

'이해하기 쉽게'라는 원칙은 세일즈맨이 말을 하거나 글을 쓸 때 모두 적용되는 것이지만 차이가 있다. 말을 할 때는 상대의 반응을 보면서 이해 못 하는 부분을 여러 번 반복해서 설명할 수 있다. 그러나 글은 그럴 수 없다. 상대에게 도달한 글은 내용을 고치기 어렵다. 세일즈맨의 의도와 달리 고객이 이해하지 못한다 하더라도 즉시 확인할 수 없을 뿐 아니라 보완해서 설명해줄 수도 없다. 그러므로 글을 쓸 때는 처음부터 끝까지 철저히 읽는 사람 입장에서 이해하기 쉽게 작성해야 한다. 이 원칙에서 벗어난 글쓰기 실수를 저지르지 않도록 유의해야 한다.

글쓰기는 한마디로 문장을 쓰는 일이다. 문장이란 하나의 생각이 들어 있는 글의 단위를 말한다. 글을 잘 쓴다는 말은 곧 문장을 잘 쓴다는 말이다. 세일즈 글에는 좋은 글, 나쁜 글, 이상한 글이 있다. 각각의 예를 살펴보자.

좋은 글

저희 제품은 사용자 중심 디자인이 특징입니다.

한 문장에 하나의 생각만 들어 있을 때, 읽기도 쉽고 이해하기도 쉽다. 어법에도 맞고 군더더기가 없다.

나쁜 글

저희 제품은 사용자 중심 디자인이 특징이고 최고 음향 장치를 탑재하여 고객 만족을 도모하여 오늘날 시장 선도 기업으로 명성을 얻고 있습니다.

한 문장에 여러 생각이 담겨 있으면 이해는 고사하고 읽기도 벅차다. '-고', '-여' 같은 접속사를 사용하지 않고 문장을 생각 단위로 끊어서 다음과 같이 표현하자.

"저희 제품은 사용자 중심 디자인이 특징입니다. 최고 음향 장치를 탑재하여 고객 만족을 도모했습니다. 오늘날 시장 선도 기업으로 명성을 얻고 있습니다."

이상한 글

저희 제품은 사용자 중심 디자인이 특징이고 최고 음향 장치를 탑재하여, 지구 환경 보호에 앞장서고 있습니다.

문장들의 의미 연결이 전혀 되지 않는다. 이런 글을 이해하기 위해서 고객은 더욱 많은 에너지를 투입해야 한다. 읽다가 쉽게 지치고 포기할 가능성이 높다. 이런 이상한 글은 반드시 다시 고쳐 써야 한다.

다음은 문장 외에 세일즈맨들이 글쓰기를 할 때 자주 저지르는 실수들이다. 글에 이런 실수가 많을수록 읽기가 불편하다. 고객의 귀중한 인지적 자원을 낭비하게 만들어 이해하기 어려운 나쁜 글이나 이상한 글이 되기 십상이다.

1. 주어와 서술어 불일치

주어와 서술어가 서로 일치하는지 확인하려면 문장에서 주어와 서술어만 두고 읽어보자. 주어와 서술어로도 말이 되면 올바른 문장이다. 이해가 잘되는 글인 것이다. 아래 문장을 읽어보자.

○○은 통증 완화에 탁월한 효과가 있는 약으로 관절염으로 고생하는 분이 적어졌다.(×)

어떤가? 주어와 서술어만 놓고 보면 "○○은(주어) 적어졌다(서술어)."로 표현된다. 어색한 문장이다. 글쓴이의 의도는 ○○이 적어진 것을 말하려고 한 것이 아니다. 주어와 서술어가 서로 올바르게 호응하도록 문장을 고쳐야 한다. 예를 들어 다음과 같은 식이다.

○○은 통증 완화에 탁월한 효과가 있는 약으로 관절염으로 고생하는 분이 적어지는 데 크게 기여한 제품입니다.

이번에도 주어와 서술어만 두고 읽어보자. "○○은 제품입니다." 말이 되고, 잘 이해된다.

2. 높임말 남용

지나친 높임말은 글의 품격뿐만 아니라 내용에 대한 신뢰도 떨어뜨린다. 특히 요즈음 서비스 업계에 만연한 사물 높임말에 주의하자. 세일즈 글에서 자주 보이는 남용 사례를 몇 개 추려보자.

발주한 물품이 기한 내에 나오실 겁니다.(×) → 발주한 물품이 기한 내에 나올 겁니다.(○)

주문하신 물품은 아쉽게도 다 팔리셨습니다.(×) → 주문하신 물품은 아쉽게도 다 팔렸습니다.(○)

도서지역 배송에는 추가 수수료가 나오세요.(×) → 도서지역 배송에는 추가 수수료가 나와요.(○)

그 제품은 두 개 이상 묶음 주문이 좋으십니다.(×) → 그 제품은 두 개 이상 묶음 주문이 좋습니다.(○)

높임말에 쓰이는 '-시-'는 상대의 동작을 나타내는 말(동사)에 붙어 그 사람을 높일 때 쓰는 것이다. 예를 들어, '가라'를 '가세요', '해라'를 '하세요'로 높이는 경우다. 그런데 '-시-'는 사람의 말에만 사용해야 한다. 위의 잘못된 사례처럼 사물을 표현할 때 사용하지 않는다. 사물에 높임말을 써야 할 이유가 어디 있겠는가? 지나친 겸손은 오히려 상대를 더 불편하게 만든다.

3. 글을 쓸데없이 늘여 쓰기

글이 짧으면 짧을수록 메시지가 분명해지고 전달하는 힘이 강해진다. 그런데 습관적으로 글을 늘여 쓰는 경우가 있다. 특히 자신이 적는 글의 내용에 자신이 없는 경우 더욱 그렇다. 다음 예를 보자.

저희 제품에 보여주신 관심에 감사해하고 있습니다.(×) → 저희 제품에 보여주신 관심에 감사합니다.(○)

고객님의 요청대로 기일을 늘리는 게 좋을지도 모르겠습니다.(×) → 고객님의 요청대로 기일을 늘리는 게 좋겠습니다.(○)

~해야 하는 것은 불편한 일이 아닐 수 없습니다.(×) → ~해야 하는

것은 불편한 일입니다.(○)

　고객의 눈높이에 부합하려고 노력했습니다만 하지만 아직도 부족하다고 생각합니다.(×) → 고객의 눈높이에 부합하려고 노력했습니다. 하지만 아직도 부족하다고 생각합니다.(○)

　위의 예처럼 글을 쓸데없이 길게 만든 단어 반복이나 군더더기 말은 수정해야 한다. 물론 강조하고 싶을 때 의도적으로 같은 말을 반복할 수 있다. 단 이런 '의도적' 반복과 생각없이 이루어지는 '습관적' 반복은 구분해야 한다. 또한 의도적 반복도 너무 자주 사용하면 읽는 사람을 짜증 나게 하고 글에 대한 신뢰를 떨어뜨릴 수 있다.

4. 틀린 말 사용

　세일즈 글을 쓸 때 흔히 틀리기 쉬운 말들이 있다. 어법에 맞는 올바른 말을 사용할수록 글은 이해하기 쉬워진다. 물론 조금 어법에 틀린 말을 사용해도 상대가 이해할 수는 있다. 그렇지만 세일즈 글쓰기의 기본 원칙인 '이해를 쉽게 한다'와 단순히 '이해할 수 있다'는 서로 차원이 다르다. 이해하기 쉬운 글을 쓰려면 올바른 말을 사용해야 한다. 다음과 같이 말이다.

　앞으로 귀사의 충실한 파트너로써 함께 성장과 발전을 이루어나가겠

습니다.(×) → 앞으로 귀사의 충실한 파트너로서 함께 성장과 발전을 이루어나가겠습니다.(○)

'–로서'는 지위나 신분, 자격을 나타낼 때, '–로써'는 재료나 수단, 방법을 나타낼 때 사용한다. 좀 더 쉽게 말하자면, 사람을 표현할 때는 '–로서'를 쓰고 그 외에는 모두 '–로써'를 쓰면 되는 것이다.

- 제약 부문 영업전문가로서~ (자격)
- 첨단 소재를 가미함으로써 무게는 가벼워지고 내구성은 향상되었습니다. (수단)

가격 할인은 저희 사업부장님의 결제가 필요합니다.(×) → 가격 할인은 저희 사업부장님의 결재가 필요합니다.(○)

세일즈 글에서 자주 보이는 실수다.(말로는 구분이 안 된다!) 권한 있는 사람에게 허가나 승인을 받는 것이 결재 決裁 고, 값을 치러 매매 거래를 끝맺는 일이 결제 決濟 다.

- 예산 사용 승인이 팀장 결재 중입니다.
- 귀사에 최적화된 온라인 전자 결제 시스템을 구축해드리겠습니다.

궁금한 부분이 있으면 언제든 편하게 연락 주십시요.(×) → 궁금한 부분이 있으면 언제든 편하게 연락 주십시오.(○)

우리말에서 높임말을 만들어 주는 '-시-'에는 조사 '-오'만 붙을 수 있다. 정중하게 명령이나 권유하는 표현을 하고자 할 때 사용하는 어미는 '-시요'가 아닌 '-시오'이다.

- 수고하십시오 / 맛있게 드십시오 / 이리로 오시오

'-요'는 '-시-'보다 덜 정중한 높임 표현을 만들어주는 '-세-'의 뒤에 붙거나 반말 뒤에 붙여서 높임을 표현할 때 사용한다.

- 읽어주세요(주시오×) / 서두르세요(서두르세오×) / 고마워요(고마워+요) / 반가워요(반가워+요)

어떤 경우라도 문장과 문장을 연결할 때는 종결형 어미인 '-오'를 사용하지 않는다. 연결형 어미 '-요'를 사용해야 한다.

- 도면에서 검은색은 기존 부품이요, 빨간색은 새로 사용하는 A부품이요, 그리고 파란색은 C부품이지요.

다른 제품들과 비교도 꼼꼼이 해보시고 연락 주세요.(×) → 다른 제품들과 비교도 꼼꼼히 해보시고 연락 주세요.(○)

글을 쓰면서 맞춤법이 가장 헷갈리는 경우가 부사화 접미사 '이'와 '히'의 구분이다. 일차적 구분은 '하다'를 붙여 말이 되면 '히'를, 아니면 '이'를 쓰는 것이다. 절대 규칙은 아니지만 글을 쓸 때 도움이 된다.

- 솔직히(솔직하다○) / 간편히(간편하다○) / 꼼꼼히(꼼꼼하다○)
  / 엄격히(엄격하다○)
- 곰곰이(곰곰하다×) / 일찍이(일찍하다×) / 헛되이(헛되하다×)
  / 일일이(일일하다×)

'이'를 쓰는 대표적인 예외 규칙으로 어근이 'ㅅ'으로 끝나는 말은 '하다'를 붙여 말이 되더라도 '이'를 붙인다.

- 깨끗이(깨끗하다○) / 버젓이(버젓하다○) / 번듯이(번듯하다○)
  / 지긋이(지긋하다○)

다시 말하지만 '히'와 '이'의 사용에는 예외가 많다. 새로운 단어가 쓸 때마다 맞춤법 검사를 활용하여 일일이 확인하는 습관이 필요하다.

19장

제안서 글쓰기

너무나 사소해서 자기도 모르게
'예스'라고 말하게 하는 것

아직도 이유를 모르겠다. 새로 나온 신차에 대한 고객들의 반응이 좋아 이곳저곳에서 제안서 요청이 들어왔다. 신입 세일즈맨이지만 열정만은 누구에게도 뒤지지 않는다는 자부심으로 며칠을 고민해 제안서를 만들어 잠재고객들에게 보냈다. 차의 전장과 전폭이 얼마나 커졌는지, 후방 교차충돌 방지와 같은 새로운 주행 기능에 대해서도 그림을 덧붙여 세세하게 적다 보니 페이지 수도 열 쪽을 훌쩍 넘어버렸다. 얼마나 많은 문의가 올까 큰 기대감을 가지고 기다렸다. 그런데 결과는 참담하다. 문의한 고객은 손으로 꼽을 정도다. 얼마나 힘들게 제안서를 만들었는데⋯⋯. 반면에 프로 세일즈맨으로 소문난 김 과장님은 고객들 구매 문의에 대응하느라 정신없어 보이신다. 옆에서 슬쩍 보니 제안서도 간단하던데 어디에서 차이점이 생긴 걸까?

상품을 고객에게 설명할 때 프로 세일즈맨과 초보 세일즈맨의 차이가 역력히 드러난다. 프로는 항상 구매 후 얻게 되는 혜택에 초점을 맞춘다. 그에 반해 초보는 상품의 기능이나 다른 경쟁 상품과의 비교에 집중한다. 프로는 자신이 세일즈하는 상품을 통해 고객이 원하는 것을 얻게 해주거나 필요한 것을 충족시켜주는 사람이란 사실을 기억하자. 여기서 원하고 필요한 것의 기준은 고객이다! 절대 세일즈맨 자신이 아니다. 그리고 얼리어답터를 제외한 대부분의 고객은 기능이나 비교에는 큰 관심이 없다.

초보 세일즈맨은 관절약에 대해서 이렇게 이야기한다.

"이 제품은 관절 통증에 효과적입니다. 식약청에서 검증된 성분 A와 B가 투입되었고…….”

프로 세일즈맨은 동일한 상품에 대해 이런 식으로 설명한다.

"이 약을 사용하시면 가시고 싶은 곳 어디든 편하게 가실 수 있습니다. 친구분들과 아름다운 가을 단풍 산행을 걱정 없이 하실 수 있고, 가족들과 공원에서 즐거운 산책을 마음껏 누릴 수 있습니다.”

당신이라면 누구의 설명에 눈이 가는가? 약의 기능을 설명한 초보에 비해 그 약을 구매함으로써 얻는 혜택을 보여준 프로에게 훨씬 관심이 가지 않는가? 이렇게 세일즈 글쓰기는 구매 후 고객이 누릴 혜택을 생생하게 보여줘 그들의 관심을 유도하는 것이 먼저다. 상품의 기능이나 다른 것들은 후순위다.

고객은 자동차를 구매하는 것이 아니다. 자동차를 통해 얻는 편안한 이동의 자유와 편리함이라는 혜택을 구매하는 것이다. 위의 사례처럼 초보 세일즈맨과 프로 세일즈맨 간의 결정적 차이도 여기에 달려 있다. 제안서 양이 아니라 그 속에 고객의 관심을 끌 수 있는 무엇이 담겨 있느냐가 훨씬 중요하다.

일반적으로 고객들이 가진 가장 큰 불만은 세일즈맨들이 너무 자신이 준비한 이야기만 많이 늘어놓는다는 것이다. 그 수준도 주로 상품 안내서에 나온 기능과 이유를 반복하는 수준이다. 고객이 그것들을 원하거나 필요로 하는지 파악조차 하지 않고 말이다.

반면에 고객은 자신이 하는 말을 집중해서 잘 들어주는 세일즈맨을 선호한다. 사실 이것은 커뮤니케이션의 ABC에 해당하는 말이기도 하다. 상대가 말을 많이 해서 싫어하는 경우는 있어도 자신의 말을 많이 들어주어서 싫어하는 경우는 없다. 그런데 말이 아니라 글로 제안하는 경우 고객의 말을 어떻게 들을 수 있을까?

당신 앞에 지금 고객이 앉아 있다고 상상한다. 고객이 당신에게 질문을 한다. 그런데 질문 하나하나가 모두 세일즈의 성패를 좌우할 결정적인 질문이다. 어떻게 대답하겠는가? 질문 순서에 맞게 당신의 대답을 체계적으로 정리한 글이 제안서다. 이런 방식으로 제안서가 작성되었다면 그 제안서를 읽는 고객은 비록 글이지만 마치 세일즈맨이 자신의 이야기를 들어주고 있다는 느낌을 받게 된다. 실제 미팅에서 고객은 결정적 질문들 중 대부분은 마음속에만 두고 일부만 말로 표현한다. 그렇지만 제안서를 작성할 때는 고객이 하지 않는 질문에 대한 답변까지 한다고 생각하고 글을 쓰자.

결정적 질문에 답을 하다 보면
제안서의 골격이 만들어진다

상품의 유형에 관계없이 고객들이 궁금해하는 결정적 질문은 다음과 같다. 괄호는 그 질문을 할 때의 속마음이다.

1. "내가 왜 당신 글을 읽어야 하나요?"(시간도 없고 바쁜데.)

2. "그 상품은 무엇이 다른가요?"(그게 그거 아닌가?)

3. "그렇게 얘기하는 근거는 있나요?"(믿을 수 없는데?)

4. "다른 사람도 구매했나요?"(실험용 쥐는 되기 싫어!)

제안서를 작성하기 전에 먼저 위의 결정적 질문들에 어떻게 답할지 생각해보자. 그 답들을 글로 정리해서 구조화하면 제안서의 큰 골격이 만들어진다. 종신보험 상품을 세일즈하는 경우를 예로 들어보자.

첫 번째 질문에 대한 답은 무엇일까? 고객이 구매 후 얻게 될 혜택이다. 고객이 인지하는 혜택은 고객이 제안서를 읽는 데 사용하는 시간을 보상하고도 남을 만큼 커야 한다. 그렇지 않으면 다음 질문으로 고객의 관심이 이동하지 않는다. 이렇게 답을 한다고 가정해보자.

"저희 보험이 당신의 사랑하는 가족들이 빈곤의 늪에 빠지거나 소중한 자녀들이 돈이 없어 공부를 못 하는 일이 없도록 해주기 때문입니다."

이 혜택에 대한 답변을 글로 적은 것이 '핵심 메시지'다. 핵심 메시지를 읽고 흥미를 느낀 고객은 이제 당신의 제안을 계속해서 읽고 싶은 욕구가 생긴다. 이 욕구가 사라지기 전에 고객의 두 번째 질문에 답하는 내용이 나와야 한다. 상품의 '특징' 또는 '장점'으로 표현되는 내용이다.

"저희 상품은 첫째, 최소 생활비가 아닌 품위 있게 삶을 영위하는 데 필요한 금액을 월급처럼 지급합니다. 둘째, 교육비 지원을 타사 대비 ○○퍼센트 이상 더 해드립니다. 셋째, 해외 교육기관에서 발생한 교육비도 정해진 범위 내에서 지원합니다."

고객은 당신의 제안에 흥미를 느끼면서도 아직도 의심을 전부 거두진 않는다. 이전에 다른 보험상품에서 겪었던 부정적 경험이 떠올라 다시는 똑같은 경험을 되풀이하지 않기 위해 극도로 주의를 기울이며 마음속으로 세 번째 질문으로 근거를 묻고 있다. 여기에 답을 해주자.

"첫 번째 특징에 대한 세부 자료는 정부와 A 경제연구원 자료에서 인용해 표로 정리했습니다. 표의 우측에는 각 연령별로 지급되는 보험금이 표시되어 있습니다(표를 보여준다)."

제안서의 근거에 대해 고객이 고개를 끄덕이는 모습이 그려진다. 그런데 아직 2퍼센트 부족하다. 사회적 증거가 필요하다. 우리들 대부분은 첫 번째 구매자가 되고 싶어하지 않는다. 실험용 쥐가 될 가능성을 누가 좋아하겠는가? 아무도 어떤 상품을 구매하고 사용하는 유일한 사람이 되길 바라지 않는다.

사회적 증거 법칙에 따라 우리는 우리와 유사한 다른 사람들이 많이 구매한 상품일수록 그 상품은 좋은 것이라고 믿는다. 구매 실패에 대한 두려움도 완화된다. 그래서 "다른 사람도 구매했나요?"라고 묻는 것이다. 마지막 허들이다. 혹시 해당 상품 세일즈 이력이 없다면 유사 상품 세일즈 이력이라도 답하자.

"예, 고객님과 비슷한 직업, 비슷한 연령대가 가장 많이 선호하는 상품입니다."

"신상품이라 아직 구매 데이터는 없습니다. 그러나 지금보다 보장

범위는 적지만 유사한 이전 상품에 많은 고객분들이 관심을 보여주셨습니다."

세일즈하는 상품이나 서비스 종류에 관계없이 제안서의 본질적 구조는 비슷하다. 제안서 서론에서 먼저 고객의 구매(문제) 상황을 세일즈맨이 인식하고 있다는 것을 보여줘야 한다. 고객의 문제에 공감하고 있다는 것을 보여주는 것이다. 이를 통해 고객의 경계심은 누그러진다. 여기서 구체적인 답을 제시할 필요는 없다. 단지 고객의 문제를 언급하기만 하는 것으로도 충분하다.

결론과 본론은 결정적 질문에 대한 답변 내용으로 채운다. 여기서 자신이 속한 세일즈 분야의 특색이나 고객의 요구 등에 따라 내용을 추가하거나 변형하면 제안서가 완성된다.

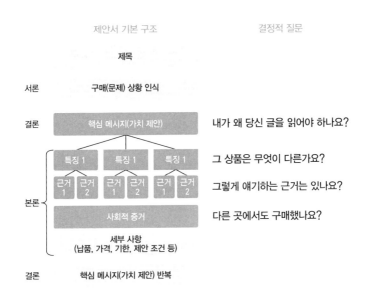

그림 제안서 기본 구조와 결정적 질문

스몰 빅 작성 원리로 제안서를 채워보자

설득 분야에 대한 세계적 권위자 로버트 치알디니 교수는 동료와 같이 쓴《설득의 심리학3》에서 작은 시도로 큰 변화를 만들어내는 전략인 '스몰 빅Small Big 전략'을 소개했다. 크게 힘들이지 않는 부드러운 개입으로 사람들의 선택을 유도하여 큰 효과를 보는 넛지와 유사한 개념이다. 뇌과학적으로도 노골적으로 강요하는 것보다 상대의 무의식적 뇌를 부드럽게 자극시킬 때 상대의 결정에 훨씬 더 큰 영향을 미친다는 사실이 증명되었다.

예를 들어, 진료 예약만 하고 방문하지 않은 환자로 고민하던 병원을 대상으로 스몰 빅 전략을 실행했다. 환자와 진료 예약 확인 통화를 할 때 환자에게 진료 날짜와 시간을 소리 내어 확인하도록 요청했다. 병원 예약 담당자가 아니라 환자에게 말이다. 이 사소한 요청만으로도 예약 불이행률이 3퍼센트 낮아졌다고 한다. 환자가 직접 예약 일정을 말하게 한 작은 시도가 예약 불이행률 감소라는 상대적으로 큰 효과를 만들어낸 것이다.

제안서 작성에도 유용한 스몰 빅 원리들이 있다. 필요에 따라 적절히 적용해보자. 상품을 판매하든지, 서비스 의뢰를 받든지 원하는 결과를 획득하는 데 매우 효율적이다. 경제학적으로 말하면 투입 비용 대비 산출 결과가 우수하다는 의미다. 스몰 빅 작성 원리는 다음과 같다.

1. 목적 중심의 제목 붙이기
2. 잠재고객 이름을 의도적으로 자주 사용하기

3. 핵심 메시지(가치 제안)를 양괄식으로 반복하기

4. 부정형은 긍정적 표현으로 바꿔 표현하기

5. '스몰 예스' 획득하기

1. 목적 중심의 제목 붙이기

일반적으로 고객은 바쁘고, 의심 많고, 용서가 없다고 한다. 자신에게 도움이 되는 이야기가 아닌데 귀중한 시간을 소비하면서 제안서를 보는 고객은 없다. 따라서 고객에게 보고 싶다는 마음을 갖게 하는 것이 먼저다. 단순히 보는 것이 아니라 고객이 목을 앞으로 쭉 내밀며 '괜찮네! 한번 읽어볼까?'라고 판단할 정도까지 되어야 한다. 그런데 안 좋은 소식이 있다. 판단 시간이 15초 이내로 매우 짧다는 점이다. 제목에서 승부가 결정될 수도 있다는 말이다.

제목에 고객이 받을 혜택, 즉 목적이 명확히 명기되어 있으면 고객의 시선을 끄는 데 유리하다. 고객의 입장에선 상품이나 서비스를 통해 자신이 어떤 이익을 얻을 수 있는지 그 이미지가 쉽게 떠오르기 때문이다. 다음은 우연히 마트에서 본 간장의 패키지 문구들이다.

- 비비면 맛있는 간장
- 무치면 맛있는 간장
- 찍으면 맛있는 간장

요리에 익숙한 사람이 아니라면 요리에 적합한 간장이 어떤 것인지 잘 알지 못한다. 그런데 그 간장들의 포장에 쓰인 문구는 어떤 때에 넣으면 좋은 간장인지, 즉 혜택 위주로 알려주고 있었다. 평소 만두를 즐겨 먹다 보니 '튀김, 만두를 먹을 때 찍으면 맛있는 간장'에 자꾸 눈이 가게 되고, 결국 카트로 퐁당! 쇼핑 리스트에 있지도 않았는데도 말이다.

고객의 입장에서 다음 제안서들을 받았다고 해보자. 어떤 제안서에 눈이 먼저 갈까? 대개는 혜택을 명확히 명시한 오른쪽의 제목이 고객의 관심을 끌 확률이 높다.

보급형 단말기 개발	vs.	10퍼센트 이상 비용 절감이 가능한 보급형 단말기 개발
○○ 의료기기 납품	vs.	검진 정확도를 99.99퍼센트로 만들어주는 ○○ 의료기기 납품
파워포인트 2019 기초 과정	vs.	퇴근을 한 시간 이상 앞당겨주는 파워포인트 과정

'제목이 좀 달라졌다고 크게 바뀌겠어?'라고 생각할 수도 있다. 그렇지만 이렇게도 생각해보자. '제목 하나 바꾸는 데 큰 힘이 들겠어?'라고. 약간의 노력으로 고객의 관심을 얻을 가능성이 높아진다면 시도해볼 가치가 있지 않을까? 이것이 바로 '스몰 빅'이다.

2. 잠재고객 이름을 의도적으로 자주 사용하기

누군가의 주의를 끄는 스몰 빅 방법 중 하나는 상대의 이름을 자주 사용하는 것이다. 진찰 예약을 확인하는 SMS 실험에서 환자의 이름이 적혀 있는 경우와 그렇지 않은 경우의 예약 불이행률은 현격한 차이를 보였다. 이름을 불러줬을 뿐인데 예약 불이행률이 무려 57퍼센트 정도나 낮아졌다고 한다.

칵테일 효과에서 언급했듯이 우리는 자신의 이름에 본능적으로 주의를 기울인다. 제안서에 고객의 이름을 자주 적어보자. 물론 여기서 말하는 고객의 이름은 고객 회사명이나 조직명도 포함된다. 제안서 초안이 완성되면 당신 회사와 고객의 이름이 어느 정도 나오는지 확인해보자. 이는 작성한 제안서가 누구의 관점에서 작성되었는지도 알게 해준다. 고객의 관점인지 세일즈맨의 관점인지 말이다. 고객의 이름이 언급되는 횟수가 많을수록 고객의 관심을 끌 확률도 높아진다는 것을 기억하자.

ABC라는 가상의 회사에 조직문화 컨설팅을 제안하는 경우라 가정하고, 일반적으로 기술한 경우와 고객 이름을 삽입하여 기술한 경우를 비교해보자. 151쪽에서 언급한 제안서 기본 구조 순서에 따라 작성하였다.

서론 **고객 구매 상황**

일반적 기술	고객 이름을 삽입하여 기술
이상적인 조직문화는 다음 세 가지 요건을 갖추고 있어야 합니다.	ABC사 조직문화개선팀에서 보내준 제안 요청서에 따르면 ABC의 조직문화 이슈는 다음과 같습니다.

결론 **핵심 메시지**(가치 제안)

일반적 기술	고객 이름을 삽입하여 기술
직원 이직률이 10퍼센트 이상 감소하고 생산성이 향상됩니다.	ABC사 직원 이직률이 10퍼센트 이상 감소하고 생산성이 향상됩니다.

본론 **사회적 증거**

일반적 기술	고객 이름을 삽입하여 기술
E사, F사, N사 등에서 실시하여 기대 이상의 효과를 얻은 프로그램입니다.	ABC사와 동종 업계에 있는 E사, F사 그리고 N사 등에서 실시하여 기대 이상의 효과를 얻은 프로그램입니다.

비교해보니 어떤가? 제안서에 기껏 고객 이름만 삽입했을 뿐인데 뭔가 달라진 것 같지 않은가? 당신이 그렇게 느꼈다면 고객은 더욱 강하게 느낄 것이다. 작은 시도가 불러오는 큰 효과, 바로 '스몰 빅'이다.

3. 핵심 메시지(가치 제안)를 양괄식으로 반복하기

핵심 메시지를 양괄식으로 구성해야 하는 이유는 두 가지다. 첫째, 기억의 법칙 때문이다. 플랫폼 지식 1번을 기억하고 있는가? 우리 뇌의 기본 작동 원리 중 하나는 '망각'이다. 잊어버리는 것이 기본값이란 말이다. 고객에게 반드시 기억시켜야 하는 핵심 메시지도 마찬가지다. 고객은 처음에 관심을 끌었던 흥미로운 메시지라고 하더라도 제안서의 다른 부분을 읽다 보면 잊어버리기 쉽다. 기억을 위해서는 반복이 필요하다.

둘째, 일반적으로는 제안서의 처음과 끝 부분에서 주의력이 높기 때문이다. 기억의 첫걸음은 주의이므로 주의력이 높다는 것은 기억될 확률이 높다는 것을 의미한다. 주의력이 가장 높은 두 영역, 제안서의 시작과 마무리에 고객이 반드시 기억해야 할 핵심 메시지를 두어야 한다.

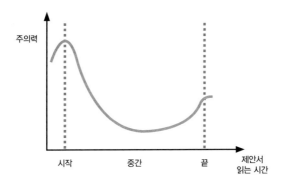

그림 제안서 영역별 주의력 곡선

시작에 주의력이 높은 이유 중 하나는 제안서에서 가장 먼저 보이는 메시지를 매우 중요한 것으로 생각하는 심리적 경향 때문이다. 따라서 도입부는 짧게 하고 핵심 메시지를 가능한 일찍 등장시켜야 한다. 이 핵심 메시지를 마무리에서 다시 한번 언급하면 결론이 양괄식으로 구성되어 자연스럽게 반복하게 된다. 기억에 매우 효과적인 방법이다.

앞의 ABC사 제안서를 양괄식으로 구성하면 다음과 같다.

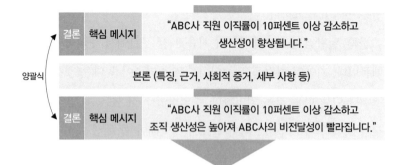

단순히 핵심 메시지를 반복하는 것도 좋지만 위의 그림처럼 고객의 비전과 연계하면 고객에게 더욱 강한 인상을 심어줄 수 있다.

4. 부정형은 긍정적 표현으로 바꿔 표현하기

우리 뇌는 외부의 정보를 이미지로 기억한다. '고양이가 있다.'라는 문장을 들었다고 해보자. 무엇이 떠오르는가? 앉아 있든지, 애교를 부리든지 머릿속에 떠오르는 기억은 고양이에 대한 이미지다. 특별히 의식하지 않으면 'ㄱㅗㅇㅑㅇㅇㅣ'라는 글자가 떠오르는 경우는 없다.

글자가 아닌 이미지로 기억하는 우리 뇌의 특성상 뇌는 부정형을 모른다. 감각기관을 통해 들어온 정보를 그대로 받아들일 뿐, 그 반대되는 이미지를 그려내지 못한다는 의미다. "A하지 않다!", "B는 하지 마."라는 말을 들었다면, 우리 뇌는 이미지로 떠올릴 수 있는 'A'와 'B'만 기억하지, "……않다!"나 "……하지 마." 같은, 이미지로 떠올릴 수 없는 부정형은 기억하지 못한다는 말이다.

세일즈맨이 '비싸지 않다'고 강조한 말을 고객은 역설적으로 '비싸다'고 기억할 수 있다. 하얀 곰을 생각하지 말라는 말을 들은 사람들이 하얀 곰 이야기를 아예 듣지 않는 사람보다 하얀 곰을 생각할 가능성이 훨씬 높은 것과 같은 원리다.

'비싸지 않다'는 메시지가 기억되려면 고객은 반드시 '비싸다'라는 것을 먼저 상기할 수밖에 없다. 물론 주의를 기울여 의식적으로 글을 읽는 동안에는 아무런 문제가 없다. 하지만 주의가 분산되거나 집중력이 흐트러져 있을 때(예를 들어 피곤할 때)라면 얘기가 달라진다. 주의를 기울일 때는 '비싸다(1단계) → 비싸지 않다(2단계)'로 받아들이지만, 주의가 분산되었을 때는 쉽게 이미지화되는 1단계만 기억한다. 이런 상태에서 비싸지 않다는 말을 계속 반복한다면 세일즈맨의 의도와는 달리 1단계의 기억(비싸다는 말)만 고객의 뇌에 각인되기 마련이다. 세일즈맨이 의도한 결과는 전혀 아닌데 말이다.

아이에게 충고할 때도 뇌는 부정형을 모른다는 원칙이 적용될 수 있다. 아이가 잘못된 행동을 할 때 어떻게 충고하는 것이 좋을까? 아이에게 "바보 같은 짓 하지 마!"라고 말하는 것보다 "똑똑하게 행동해!"라고 말하는 것이 아이의 행동 변화에 더 효과적이다. 아이의 뇌는(우리 뇌도 마찬가지다!) 바보 이미지는 쉽게 떠올리지만 그 반대되는 이미지는 떠올리기 쉽지 않다. 편한 것을 추구하는 우리 뇌의 작동 원리에 따라 일반적으로는 '바보'라는 이미지만 기억하게 된다. 물론 이렇게 되길 진심으로 원하는 부모는 없겠지만, 실제 행동은 아이에게 바보가 되라고 촉진하는 것과 같다. 아이의 행동 변화를 원한다면 부정형이 뜻하는 의미를 살려 긍정형으로 표현해야 한다.

세일즈 글쓰기를 할 때도 마찬가지다. 제안서를 작성할 때 부정형을 사용한 표현은 유사한 의미의 긍정형 표현으로 바꿔 기술하자. 예를 들어 이런 식이다. 다음 부정형 문장에서 괄호는 부정형을 들은 고객이 시간이 지난 후 기억할 가능성이 높은 내용이다.

- 가격이 비싸지 않다(가격이 비싸다). → 가성비가 좋다.
- 서비스가 느리지 않다(서비스가 느리다). → 서비스가 신속하다.
- 먼지가 쌓이지 않는다(먼지가 쌓인다). → 먼지가 제로가 된다.

글을 쓸 때 부정형을 전혀 사용하지 않기란 거의 불가능할 것이다. 그래도 고객이 반드시 기억해야 할 핵심 메시지나 중요한 내용을 기술할 때는 부정형보다 긍정형을 사용해보자. 큰 힘을 들이는 것도 아닌데 시도해볼 가치가 있지 않을까?

5. '스몰 예스' 획득하기

제안서에 작고 사소하지만 고객이 무의식적으로 '예스'라고 동의할 내용을 삽입하자. 작고 사소한 동의를 '스몰 예스small yes'라고 한다. 세일즈 글의 성과는 고객이 설득되어 세일즈 메시지에 최종적으로 동의하는 것에 달려 있다. 최종적 동의를 '빅 예스big yes'라 부르자. 결국 세일즈의 성과는 고객의 빅 예스를 받느냐 여부에 달려 있다. 고객에게서 빅 예스를 받았다면 성공한 것이고 그렇지 않다면 실패했다는 말이다. 이 '빅 예스'를 받기 위한 스몰 빅 원리가 '스몰 예스 획득하기'다.

이 원리는 관성의 법칙과 일관성의 법칙으로 설명할 수 있다. 관성의 법칙이란 외부에서 새로운 힘이 가해지지 않는 한 모든 물체가 현재 상태를 그대로 유지하려고 하는 것을 말한다. 관성의 법칙에 따라 정지한 물체는 정지한 상태를, 움직이는 물체는 움직이는 상태를 유지하려고 한다.

일관성의 법칙이란 우리가 어떤 선택을 하거나 입장을 취하면 그와 일치되는 일관된 방향으로 행동하는 것을 말한다. 자신의 선택이나 입장과 다른 방향으로 행동할 때 느낄 수 있는 심리적 부담감이 매우 크기 때문이다. 거의 맹목적인 욕구다.

고객이 세일즈 글을 읽으면서 어느 부분에서(가능한 한 빠를수록 좋다!) '스몰 예스'라고 답하기 시작하면, 관성의 법칙과 일관성의 법칙에 따라 그 뒤로도 계속 '예스'라고 답하기 쉽다. 세일즈 글의 최종 목표인 '빅 예스'를 받을 가능성이 높아진다.

예스를 받기 위해 작성하는 내용은 상대방이 쉽게 동의할 수 있는 것이어야 한다. 글을 읽는 상대가 "그래, 맞아, 맞아." 하면서 고개를 끄덕이며 "예스!"라는 대답을 쉽게 할 수 있는 내용 말이다. 고객이 반복적으로 예스를 하게 함으로서 세일즈맨의 제안을 쉽게 받아들이는 상태로 만드는 것이 목적이다. 한마디로 동의하는 버릇이 들게 만드는 것이다.

누구도 반박할 수 없는 명제도 좋고 날씨와 같은 자연 현상도 좋고 부탁으로 느껴지지 않는 아주 사소한 요청도 좋다. 중요한 것은 글을 읽는 고객이 너무나 당연하거나 사소한 것이라서 마음속으로 쉽게 '예스'라고 반응하게 만드는 것이다. 처음의 '예스'가 다음의 '예스'를 부르고 또 그 다음의 '예스를 부르는 과정에서 생기는 눈덩이 효과를 통해 '빅 예스'가 만들어진다.

그림 스몰 예스에서 빅 예스로

아래는 처음에 '스몰 예스'를 이끌어 낼 수 있는 예시 글이다. 이런 표현을 접하면 '노'라고 말하기가 더 힘들다.

- 좋은 제품이 오래갑니다. (반박 불가 명제)
- 기업 경쟁력은 조직 문화와 직원 역량에 달려 있습니다.
  (반박 불가 명제)
- 날이 점점 무더워지는 것 같습니다. (자연 현상)
- 지금부터 10초만 주의 깊게 읽어주시면 감사하겠습니다.
  (사소한 요청)
- 고객님 회사가 시청역 1번 출구 옆에 있는 게 맞는지요?
  (사소한 요청)

처음부터 고객이 '빅 예스'를 주기를 바라지 말자. 작은 차이가 큰 차이를 만드는 법이다. 너무나 작고 사소해서 고객은 자신도 모르게 '예스'라고 말하게 하는 것에서부터 작은 차이를 만들어야 한다. 그 차이가 '스몰 예스'다.

20장

시선을 사로잡는 강력한 기획서 쓰기

문제가 무엇인지
알아야 해결할 수 있다

작년 하반기부터 매출이 조금씩 줄어들더니, 올해 들어서는 그 속도가 더욱 빨라졌다. 지난주 상무님에게 매출 향상 기획안을 이번 주까지 작성하라는 지시를 받았다. 기한은 촉박했지만 다행히 작년 초에 비슷한 주제로 김 과장이 작성한 것이 있어 그것을 토대로 작성했다. 최근 데이터로 바꾸고 문서 디자인도 약간 수정했다. 제목을 '○○년 세일즈 담당자 영업 마인드 함양 실행 방안'으로 하니 그럴듯하게 보였다. 앞으로 해야 할 일과 담당자도 일정별로 꼼꼼하게 기재했다. 자신감을 가지고 상무님께 보고를 드렸다. 그런데 기대와 달리 제목부터 반응이 미지근하다. 본문을 읽으면서도 고개를 여러 번 갸우뚱거리셨다. 그리고 이어지는 상무님의 짜증이 가득 느껴지는 한마디. "이게 뭐야? 이렇게 해서 매출이 올라가겠어?" 이런. 일주일의 노력이 허무하게 날아갔다. 상무님이 너무해!

기획을 할 때 한 번쯤 경험한 이야기이다. 기획이란 이름이 붙고

안 붙고는 중요하지 않다. 명칭과 관계없이 새로운 방향 제시가 포함된 글을 썼다면 기획을 한 것이다. 이렇게 보면 거의 모든 사람이 기획을 한다고 볼 수 있다.

그런데 '기획'이란 말의 뜻을 제대로 알고 쓰는 사람은 그다지 많지 않다. 아닌 것 같은가? 그렇다면 질문 하나 하겠다. '기획'과 '계획'은 어떻게 구별되는가? 이 두 개념이 헷갈리면 사례와 같이 부정적 피드백을 받고 자신의 노력을 알아주지 못한 상사를 원망할 수도 있다. 그런데 정말 상사의 문제일까? 아니다. 기획을 기대한 상사에게 기획을 보여주지 못한 당신의 잘못이 더 크지 않을까? 그렇다면 기획이란 무엇일까?

기획은 한자로 '企劃'으로 표기한다. 사전에서는 기획이란 '어떤 것을 도모企하기 위해 계획劃하는 것'이라고 정의한다. 여기에서 알 수 있듯이 기획에는 계획이 포함되어 있다. 업무 현장에서 간혹 기획과 계획이 서로 혼용되어 사용되는 이유이다.

그러나 두 개념에는 아래 표와 같은 차이점이 있다. 기획과 계획에 필요한 요소는 크게 Why(목적/방향), What(대상), How(수단/방법) 세 가지로 나눌 수 있다. 이 중 기획에서는 Why, 계획에서는 How가 특히 중요하다. 기획과 계획의 가장 본질적인 차이점이다. 따라서 왜

	기획(企劃)	계획(計劃)
사전의 정의	일을 도모하여 계획함	절차, 방법, 규모 따위를 미리 헤아려 작정함
범위	문제 해결과 계획을 포함	기획의 일부
중요 요소	목적, 방향	수단, 방법

해야 하는지 목적과 방향을 명확히 하지 않고 수단과 방법만 나열한 기획서는 좋은 기획서로 평가받기 힘들다. How는 있지만 더 중요한 Why가 빠져 있기 때문이다.

기획을 하는 목적은 무엇일까? 여기에 하나의 답은 없다. 상품 기획, 영업 기획, 교육 기획 등 개별 업무에 따라 달성해야 할 목적이 다르다. 그러나 목적 달성이 필요한 이유는 동일하다. '문제 해결'이다. 문제가 없는데 기획하는 경우는 없다. 결국 기획은 '문제 해결을 목적으로 계획하는 것'으로 정의할 수 있다. 기획서의 힘은 문제 해결의 수준에 따라 결정된다.

따라서 강력한 기획서를 작성하고 싶다면 보고받는 사람이 인식하고 있거나 인식해야 할 문제 해결에 초점을 맞춰야 한다. 문제 해결에 주의를 집중하지 않는 사람은 없다. 게다가 해결 방법까지 구체화되어 있다면 누구든지 그 속에 빨려들 수밖에 없다. 반대로 위의 사례처럼 문제 해결 효과가 미약한 기획서는 비록 수단과 방법이 꼼꼼하게 계획되어 있다고 하더라도 좋은 기획서로 인정받지 못한다. 기획서를 달라고 했는데 계획서를 보여준 꼴이다. 기획서 작성 프로세스는 다음과 같다.

1. 문제 인식 및 정의
2. 원인 파악과 과제 도출
3. 가설 설정과 검증(데이터 분석)
4. 해결안 도출과 실행 계획 수립

문제 인식과 정의

문제가 무엇인지 모르고 문제를 해결할 수 없다. 너무 당연한 말이라고 생각하는가? 그러나 실제로는 이 부분을 간과한 채 기획하는 경우가 많다. 누가 적인지 모르고 싸우면 절대 이길 수 없듯이, 문제를 명확히 정의하지 않고는 결코 좋은 기획서를 작성할 수 없다. 문제 정의는 문제 인식에서 시작된다. 문제를 인식하지 못하면 기획의 첫걸음도 내딛을 수 없다.

그런데 문제 인식이라고 할 때의 '문제'는 무엇을 말하는 것일까? 일상에서는 "돈이 문제야.", "성격이 문제야.", "빽 없는 게 문제야."와 같이 문제란 말을 구분 없이 사용한다. 하지만 기획에서는 조금 다르다. 문제란 바람직한 상태(to be)와 현재 상태(as is)와의 차이(gap)를 말한다. 이 차이를 아는 것이 문제 인식이고, 그 차이를 메우기 위해 해야 할 일을 찾는 것이 과제 도출이다. 기획의 목적은 항상 바람직한 상태에 도달하는 것이다.

예를 들어보자. 당신은 자동차 세일즈를 맡고 있다. 안정된 수익 확보를 위해서는 매달 20대 이상의 자동차 판매가 필요하다. 그런데 이번 달에 판매 대수가 15대로 줄었다. 이때 문제는 무엇일까? 경쟁업체 신차 출시가 문제일까? 할인 금액을 줄인 것이 문제일까? 그것도 아니면 영업 소프트웨어 활용이 미숙한 것이 문제일까? 아니다. 이것들은 문제의 여러 원인들 중 일부일 뿐이다. 문제는 바람직한 상태와 현재 상태와의 차이다. 즉 판매가 5대 감소한 것이 문제다. 과제란 문제를 발생시킨 원인의 영향력을 제거하거나 줄이는 것이다. 예컨대 경쟁업체 신차 출시와 할인 금액 감소에 대해서는 '비가격 고객서비스 강화', 영업 소프트웨어 활용 미숙에 대해서는 '영업 소프트웨어 활용 능력 향상'이 과제가 될 수 있다.

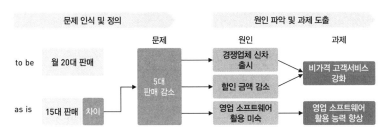

그림 자동차 판매에서 문제와 과제

문제 인식 및 정의 단계에서는 특히 바람직한 상태(to be), 즉 목표를 어디에 두느냐가 중요하다. 내외부환경 분석 결과를 반영해서 도달해야 할 목표를 설정해보자. 설득력을 높여준다.

환경	주요 분석 요소
내부 환경	• 조직의 상위 전략 • 경영층 니즈 • 내부 주요 이슈
외부 환경	• 시장 환경 변화 • 베스트 프랙티스

기획서 제목에 '문제'를 넣어서 표현하면 주의 집중 효과가 강력하다. 특히 경영층의 니즈로 작성하는 기획서라면 더욱 그렇다. 다음과 같은 식이다.

문제	효과적인 기획서 제목 예시
매출 실적 부족	10퍼센트 매출 향상 기획안
부서 간 소통 부족	부서 간 소통 활성화 방안
높은 영업사원 이직률	영업사원 이직률 20퍼센트 감소 방안

원인 파악과 과제 도출

문제 원인을 파악하는 방법은 다양하다. 여기서는 두 가지 방법을 소개하고자 한다. '5Why 기법'과 '로직트리 기법'이다. 먼저 '5Why 기법'부터 살펴보자. 비교적 단순하고 직관적인 방법이라 실무에서 활용 빈도가 높다.

5Why 기법은 꼬리를 무는 다섯 번의 '왜'라는 질문을 통해 근본 원인을 찾는 방법이다. 그렇다고 '5'라는 숫자에 너무 집착할 필요는 없다. '왜'라는 질문에 대한 대답으로 더 이상 유의미한 원인을 찾을 수 없다면 마지막으로 나온 원인을 근본 원인으로 보고 그것을 해결하기 위한 과제를 설정한다. 다음은 고객 감소의 근본 원인 및 과제를 찾기 위해 5Why 기법을 적용한 예다.

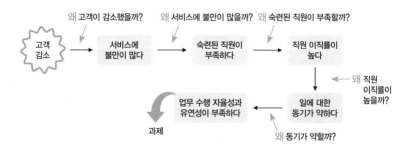

그림 5Why 기법에 의한 근본 원인 파악 및 과제 도출

문제는 고객 감소다. 문제의 원인을 찾는 질문을 다섯 번 반복하였다. 그 결과 '업무를 수행할 때 담당자의 자율성과 유연성이 부족하다'는 것이 근본 원인으로 파악되었다. 과제는 이 원인을 해결하는 일이다.

각각의 원인별로 과제 설정도 가능하다. 만약 결과를 신속히 보여주어야 한다면 앞 단계의 과제를 먼저 해결하는 게 도움이 되기도 한다. 예를 들어 '숙련된 직원이 부족하다'는 것을 해결하기 위해서 경력직원 채용을 확대하는 식이다. 그렇지만 이는 임시 처방에 불과할 뿐이다. 문제 해결의 효과는 근본 원인을 제거할 때 최대로 높아진다. 근본 원인을 제거하지 않으면 동일한 문제가 발생할 가능성이 높다.

5Why로 찾는 원인은 '의미'가 있어야 한다. 즉 기획서를 보고받는 최종 의사결정권자가 해결 가능한 것이어야 한다. 앞서 사용한 고객 감소 사례를 변형해보았다.

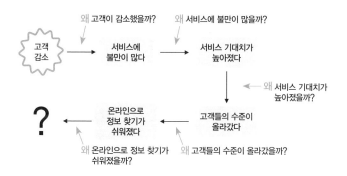

그림 잘못된 5Why 기법 활용

질문이 점점 산으로 가고 있다. 이렇게 해서 찾은 원인은 의미가 없다. 과제로 만들어 실행할 수 없기 때문이다. 고객들의 수준을 낮추거나 온라인으로 정보를 쉽게 찾지 못하게 하는 것은 불가능한 일이다. 5Why로 원인 찾기를 할 때는 원인이 기획의 최종 의사결정권자가 제거하거나 영향력을 줄일 수 있는 범위 내에 있는지를 항상 고려해야 한다.

'로직트리Logic Tree'는 이름에서 알 수 있듯이 문제의 원인이나 해결책을 논리적 사고에 기초해 나무 모양으로 분해해 찾아내는 방법이다. 원인을 찾는 로직트리를 Why트리, 해결책을 찾는 로직트리를 How/What트리라고 한다. 여기서는 Why트리로 원인을 파악해본다. 5Why 기법에서는 원인 찾기를 한 방향으로 전개했다면, 로직트리에서는 나뭇가지처럼 원인들을 펼쳐나간다. 나뭇가지의 가장 말단에 위치한 원인들 중에서 근본 원인을 찾고 과제를 도출한다.

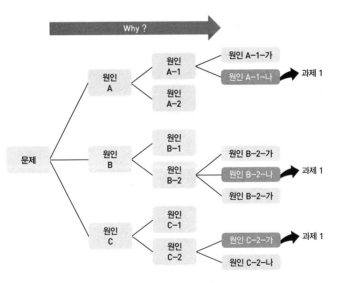

그림 Why로직트리와 과제 도출

고객만족도가 떨어지는 문제를 안고 있는 판매영업점이 있다. 로 직트리로 근본 원인을 찾는 경우를 예로 들어보자.

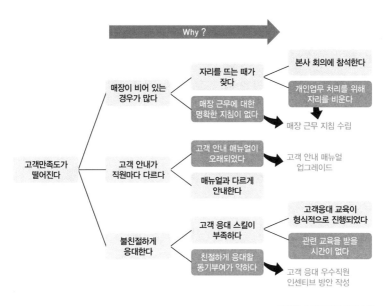

그림 Why로직트리와 과제 도출

5Why에서처럼 Why 질문을 사용해서 원인을 단계별로 찾는다. 여기서도 원인이 유의미해야 하는 것은 동일하다. 5Why처럼 다섯 단계를 진행하기는 쉽지 않다. 일반적으로는 3~4단계만으로도 충분 하다.

로직트리의 가지는 3단계까지 나아간 것도 있고, 2단계에서 끝난 것도 있다. 가장 말단의 원인 중 근본 원인을 선정한다. 그리고 그것 을 해결하기 위한 과제를 설정하면 원인 파악과 과제 도출이 완성된 다. 반드시 원인 하나에 과제 하나일 필요는 없다. 위의 사례의 '매장 근무 지침 수립' 과제와 같이 '개인 업무 처리를 위해 자리를 비우는 것'과 '매장 근무에 대한 명확한 지침이 없는 것'이라는 두 가지 원인을 같이 해결하는 것도 가능하다.

로직트리는 5Why보다 다양한 원인들이 도출된다. 따라서 그것들 중에 근본 원인을 어떻게 선정하느냐가 중요하다. 상사가 이것이 왜 근본 원인인지 물었을 때, "그냥이요."라고 주먹구구식으로 대답할 수 없지 않은가? 이때 유용한 방법이 있다. 'AHP Analytic Hierarchy Process'이다. 계층화 분석기법 또는 쌍대 비교법으로 불린다. 다양한 선택 요소들 중 하나를 선택해야 할 때 1 대 1 비교를 통해 우선순위를 정하는 의사결정 방법이다.

점심 메뉴를 선택하는 경우를 예로 들어 보자. 선택할 수 있는 음식은 '짜장면', '짬뽕', '쌀국수', '볶음밥', '라면'이 있다. 음식 선호도는 서로 비슷하다. 특별히 좋아하는 것도, 특별히 싫어하는 것도 없다. 어떤 음식을 선택할 것인가? AHP를 활용하여 논리적으로 선택해보자. 그 과정과 결과는 아래 그림과 같다.

결과는 어떤가? 짜장면의 우선순위가 가장 높다. 점심으로 짜장

면을 선택할 가능성이 가장 큰 것이다. 그 다음은 라면, 짬뽕 순이다. 볶음밥을 시킬 가능성은 말 그대로 제로다. 이 방법은 집단으로 의사 결정을 할 때도 활용할 수 있다. 친구와 함께 여행지를 정하거나 팀원들과 함께 회식 장소를 정할 때 등 어느 경우든 유용하다. 비슷한 선택 옵션들 간에 우선순위를 매기고 싶다면 말이다.

판매영업점 사례로 다시 돌아가보자. 로직트리의 가장 말단에 표기된 원인들 중 근본 원인을 AHP로 찾아보는 것이다. 진행 과정은 동일하다. 세로와 가로 항목들을 1 대 1로 비교하여 우선순위를 매긴다. 여기서는 우선 순위가 가장 높은 원인뿐만 아니라 네 번째 순위 원인까지 해결해야 할 원인으로 보았다.

	본사 회의 참석	개인 업무 처리	근무지침 마비	오래된 매뉴얼	매뉴얼과 다른 안내	형식적 교육 진행	교육받을 시간 부족	동기부여 부족	합계
본사 회의 참석		개인 업무 처리	근무지침 마비	오래된 매뉴얼	본사 회의 참석	본사 회의 참석	교육받을 시간 부족	동기부여 부족	2
개인 업무 처리			근무지침 마비	오래된 매뉴얼	개인업무 처리	개인업무 처리	개인업무 처리	동기부여 부족	4 ✓
근무지침 마비				근무지침 마비	근무지침 마비	근무지침 마비	근무지침 마비	동기부여 부족	6 ✓
오래된 매뉴얼					오래된 매뉴얼	오래된 매뉴얼	오래된 매뉴얼	동기부여 부족	5 ✓
매뉴얼과 다른 안내						형식적 교육 진행	교육받을 시간 부족	동기부여 부족	0
형식적 교육 진행							형식적 교육 진행	동기부여 부족	2
교육받을 시간 부족								동기부여 부족	2
동기부여 부족									7 ✓

그림 AHP로 우선 순위 매기기

가설 설정과 검증(데이터 분석)

기획서를 논리적이고 효율적으로 작성하기 위해 꼭 거쳐야 될 과정이 있다. 가설 설정과 검증이다. 가설을 설정하면 정보의 홍수 속에 의미 없는 데이터까지 수집하여 분석하는 데 시간을 낭비할 위험이 줄어든다. 또한 검증을 통해 해결안에 대한 논리적 근거도 제공한다. 문제를 해결하는 데 가설을 활용하는 것은 사실 일상에서도 자주 사용하는 방식이다. 아래와 같이 분실한 스마트폰을 다시 찾는 과정에서 가설 설정과 검증이 어떻게 진행되는지 알아보자.

집에 도착한 뒤 스마트폰이 없어진 것을 알았다. 어떻게 찾을까? 스마트폰을 가지고 있었던 마지막 기억을 떠올려보고 그때 이후의 행적을 돌아본다. 가장 먼저 친구를 만났던 카페가 생각난다. '그래, 아까 친구와 만난 카페에서 흘렸을 거야.' 카페로 전화했다. 직원은 오늘 카페에서 발견한 스마트폰은 없다고 한다. 다시 다른 장소를 떠올렸다. '혹시 지하철에 두고 내린 것은 아닐까?' 이번에는 지하철 유실물센터로 전화했다. 다행히 내 것과 비슷한 폰이 있다고 한다. 센터 위치와 이용 시간을 알아보니 오늘은 늦었다. 내일 점심시간을 이용해 가야겠다.

여기서 잃어버린 폰이 '카페에 있을 것', '지하철에 두고 내렸을 것'이라고 생각하는 것이 가설의 설정이다. 경험과 직관의 단계이다. 기획뿐만 아니라 어느 분야든 전문가라 불리는 사람들은 적중 가능성 높은 가설을 만들어내는 능력이 남들보다 탁월하다. 경험 많은 의사가 환자의 병명을 쉽게 추측하고, 경험 많은 세일즈맨이 고객의 숨

겨진 욕구를 잘 알아낸다.

모든 가설이 정답일 수는 없다. 가설이 옳은지 검증해야 한다. 검증하기 위해 가설과 관련된 데이터를 수집하고 분석해야 한다. '카페에 있을 것'이라는 가설을 검증하기 위해 필요한 데이터는 카페 직원이 카페에서 폰을 찾아본 결과다. '지하철에 두고 내린 것'이라는 가설이 옳다고 확인하는 데 도움이 되는 데이터는 유실물 센터의 유실물 보관 기록이다. 수집한 데이터를 분석한 결과에 따라 가설 채택 여부가 결정된다. 채택된 가설에 대한 해결안을 도출하는 것으로 잃어버린 스마트폰을 다시 찾는 과정이 마무리된다.

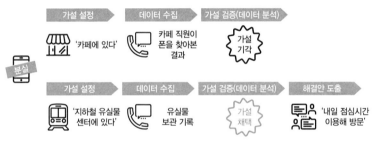

그림 일상에서 가설 설정과 검증 그리고 해결안 도출

가설을 세우고 검증할 때는 다음 두 가지를 유의해야 한다.

첫째, 가설을 결론으로 생각하는 것을 피해야 한다. 가설은 결론이 될 가능성은 높지만 검증 통과 전까지는 결론이 아니다. 가능성이 아무리 높더라도 가설은 가설일 뿐이다. 가설에 대해 성급하게 결론을 내리면 확증 편향의 오류에 빠질 수 있다. 가설과 일치하는 정보만 받아들이고 그렇지 않은 정보는 무시해버려 가설 검증 과정이 무의미해진다.

둘째, 가설은 검증할 수 있어야 한다. 검증할 수 없다면 가설이 아니다. 검증은 어떤 내용을 분석하느냐가 중요하다. 그 결과로 가설의 진위 여부를 결정한다. 가설 검증 시간을 줄이고 싶다면 가설 분석 계획표를 작성해보자. 가설 분석 계획표에는 가설과 분석 내용, 필요한 데이터 및 수집 방법이 포함되어 있다.

예를 들어 고객 만족도가 떨어지는 원인으로 도출된 '고객을 친절하게 응대해야 할 동기부여가 약하다.'라는 가설을 검증해야 한다고 해보자. 이를 위해 다른 우수 지점과 소속 지점의 고객만족도와 영업직원들의 동기 수준을 비교 분석하기로 했다.

외부 데이터는 본사 CS 기획팀과 ○○○ 지점에 협조 요청해서 받기로 하고, 내부 데이터는 지점 직원들을 대상으로 설문조사를 실시해서 수집하기로 했다. 이것을 표로 정리한 것이 가설 분석 계획표다.

가설	분석 내용	필요한 데이터	데이터 수집 방법
고객을 친절하게 응대해야 할 동기부여가 약하다	우수 지점과 소속 지점 고객 만족도와 영업직원들 간의 동기 수준 비교 분석	• 전체 지점 고객 만족도 현황 • 우수 지점 영업직원 동기 수준 • 소속 지점 영업직원 동기 수준	• 본사 CS 기획팀 자료 공유 요청 • ○○지점에 설문조사 협조 요청 • 소속 지점 자체 설문조사

그림 가설 분석 계획표

이렇게 수집한 데이터를 분석하는 과정이 가설 검증이다. 데이터를 수집할 때는 항상 '데이터 수집의 목적'을 잊지 않아야 한다. 어떤 데이터라도 그것을 수집하는 목적은 가설을 검증하기 위해서다. 그런데 기획을 하다 보면 수집 자체에 매몰되어 목적에 벗어나는 데이터나 데이터를 위한 데이터를 찾는 경우도 많다. 데이터 수집 자체가 목적이 되는 셈이다.

문제는 가설 검증에 불필요한 데이터는 활용 가치가 제로라는 점이다. 즉 아무 가치도 없는 쓰레기와 같은 데이터다. 쌓이면 쌓일수록 유용한 데이터를 처리하는 데에 방해만 된다. 쓰레기 수집을 예방하는 데 도움이 되는 팁이 있다. 데이터를 수집하기 전 항상 이런 질문을 하자. '이 데이터는 가설 검증에 필요한가?' 여기에 '예스'라고 즉시 대답하지 못하고 머뭇거린다면 그 데이터 수집은 일단 보류하자. 쓰레기일 가능성이 있다.

'예스'라고 답한 데이터라도 수집에 너무 많은 시간이 들지 않도록 유의해야 한다. 데이터가 많을수록 좋을 것이라는 생각은 착각이다. 데이터가 많아지면 데이터를 정리하는 데 드는 시간과 비용을 더 많이 투입해야 한다. 그렇게 해서 얻는 효용이 크다면 좋겠지만, 불행히도 여기에는 한계효용 체감의 법칙이 작용한다. 데이터 수집량이 증가할수록 추가로 얻는 효용(한계효용)은 미미하다.

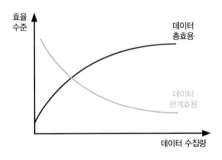

그림 데이터 수집과 한계효용 법칙

따라서 무작정 데이터의 양을 늘리기보다 질 좋은 데이터 확보에 주력해야 한다. 가설 검증과 얼마나 관련이 있느냐가 데이터의 질을 결정한다. 관련이 없는 부수적인 데이터에 시간이 낭비되는 것을 줄여주는 질문이 앞서 말한 '이 데이터가 가설 검증에 필요한가?'이다. 잘 활용해보자.

데이터 수집이 끝났다면 분석으로 가설을 최종 검증하는 단계가 남았다. 가설은 분석 결과에 따라 해결안으로 진행될 수도 있고, 수정되거나 기각될 수도 있다. 분석이란 가설을 검증하는 과정으로 데이터에 의미를 부여하는 일이다. 방향 설정이 중요한 기획서에서 의미 부여 없이 데이터를 나열만 하는 것은 좋은 분석이라 할 수 없다.

데이터 분석 전문가들은 데이터 분석을 초밥을 만드는 과정으로 비유해 설명하곤 한다. 초밥을 맛있게 만들기 위해서는 세 가지가 필요하다고 한다. 첫 번째는 당연히 좋은 재료다. 두 번째는 재료를 손질하는 기술이다. 아무리 훌륭한 재료라도 손질이 서투르면 최고의 맛을 내기 어렵다. 마지막으로 맛있는 초밥이 되기 위해서는 한 가지가 더 필요하다. 바로 손님이 원하는 맛의 요리를 제공하는 것이다.

데이터 분석도 마찬가지다. 양질의 데이터를 많이 수집하고 분석 기술을 발휘하여 아무리 그럴듯하게 분석했다고 하더라도, 보고받는 사람에게 원하는 의미를 제공할 수 없다면 빛 좋은 개살구에 불과할 뿐이다.

예를 들어, 고객 만족도 하락 원인을 '영업 직원들의 동기 부족'으로 본 가설로 돌아가보자. 가설 분석 계획서에 따라 수집한 데이터를 아래와 같이 나열만 했다면 맛있는 초밥과는 거리가 먼 데이터 분석이다. 단순 정리에 불과하다.

- 우수 지점(○○지점) 분기별 고객만족도 : 4.7점/5.0점
- 소속 지점 분기별 고객만족도 : 3.5점/5.0점
- 우수 지점(○○지점) 영업직원 동기 수준 : 92점/100점
- 소속 지점 영업직원 동기 수준 : 68점/100점

분석에서 의미 부여란 가설을 확인하고, 해결책의 방향이나 경로를 제시해주는 것이다. 여기에는 딱히 정해진 방법은 없다. 수집한 데이터의 유형에 따라 적절한 분석 방법을 사용하면 된다. 그림과 같이 비교 분석을 통해 데이터가 시사하는 의미를 보여줄 수 있다.

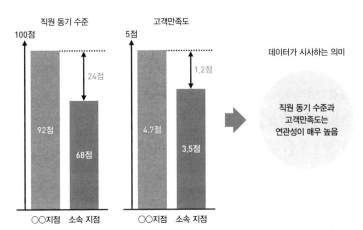

그림 비교 분석을 통한 데이터 의미 보여주기

실제로는 직원 동기 수준과 고객만족도의 관계는 숫자 비교만으로 결과를 도출할 수 없는 경우가 많다. 원인과 결과를 파악하기 위

해서는 X값(직원 동기 수준)이 높을 때 Y값(만족도)이 높아진다는 일차함수가 그려지는지 확인해야 한다. 이 확인을 해주는 것이 통계 기법 중 회귀분석이다. 회귀분석을 통해 정적 관계와 여기서 추출되는 인사이트를 제시하면 경영층을 더욱 효과적으로 설득할 수 있다.

해결안 도출과 실행 계획 수립

해결안이란 검증된 가설을 해결하는 구체적 계획이다. 데이터 분석을 통해 '영업직원들 동기 부족'이란 가설이 검증되었다면, 해결안은 그들의 동기 향상 방안을 구체적으로 작성한 결과물이다. 해결안을 작성할 때는 기획을 시작하게 만든 문제를 염두에 두어야 한다. 해결안의 효과는 바로 그 문제의 해결에 달려 있기 때문이다. 문제 인식 단계에서 설정했던 문제가 해결안의 실행으로 해소될 수 있는지 확인하자. 시작과 끝이 서로 수미상응首尾相應하며 정렬될 때 강력한 기획이 완성된다.

해결안을 도출하기 위해 필요한 작업이 있다. 기준 선정이다. 선정된 기준에 따라 해결안을 도출한다. 직관으로 결정한 것보다 논리적이고 설득력 강한 해결안을 만들 수 있다. 해결안 도출을 위해 자주 사용하는 기준은 실행 용이성, 효과성, 효율성, 긴급성, 새로움, 매력도, 파급 효과 등이다. 각자의 상황에 맞게 새로운 기준을 만들어도 좋다. 해결안 도출 과정은 다음과 같다.

1. 사용할 기준을 두 개 이상 선정한다.
2. 해결안을 평가하고 우선순위를 정한다.

3. 자원과 예산의 범위 내에 실행할 해결안을 도출한다.

해결안	적용 기준			합계	평가 (우선순위)
	실행용이성 (1~10월)	효과성 (1~10월)	효율성 (1~10월)		
A안	5	8	4	17	3
B안	6	7	6	19	2
C안	8	5	9	22	1 ✓
D안	5	6	5	16	4
E안	3	5	4	12	5

실행 계획 수립

길에서 우연히 친구를 만났다. 그런데 지금 얘기를 길게 나눌 시간은 없어 이렇게 말을 한다. "다음에 보자!" 그런데 '다음'은 올까? 글쎄, 가능성은 희박하다. 친구와 다시 만날 가능성을 높이고 싶다면 어떻게 해야 할까? 약속에 구체적인 시간(When), 장소(Where)가 포함되어야 한다. "다음 주 수요일 저녁 여섯 시에 합정역 5번 출구 앞에서 보자!"

친구와 약속처럼 실행 계획도 구체적일수록 실행 가능성이 높아진다. 이때 도움이 되는 방법이 육하원칙의 활용이다. 육하원칙으로 먼저 계획의 큰 뼈대를 만든 후, 뼈대 위에 살을 붙여나가면 계획은 점점 더 구체적이고 정교해진다. 단, 실행 계획 수립에 사용되는 육하원칙에는 'H'가 하나 더 있다. '5W 2H'인 것이다. 계획을 수립할 때 육하원칙은 다음과 같은 용어로 표현된다.

- What → 해결 방안
- How → 세부 활동

- When → 추진 일정

- Who → 담당자/담당 부서

- How much → 소요 예산

- Why → 기대 효과

예를 들어, 고객 응대 우수 직원 인센티브 제도가 해결안으로 도출되었다면 그에 대한 실행 계획을 5W 2H로 간단히 작성할 수 있다. 이것을 바탕으로 일정에 살을 붙이면 구체적인 일정 계획이 된다.

실행 계획		내용
What	해결 방안	• 고객 응대 우수직원 인센티브 제도 실시
How	세부 활동	• 영업직원 의견 수렴 및 정리 • 타사 인센티브 사례 조사 • 인센티브 실행 예산 확보 • 인센티브 시행안 작성 및 공지
When	추진 일정	• 2021년 9월~12월/3개월
Who	담당자/ 담당 부서	• ○○팀, 홍길동 대리
How much	소요 예산	• 100만 원(출장비, 인쇄비 등)
Why	기대 효과	• 직원 동기 수준과 고객만족도 10퍼센트 이상 향상

추진 과제	세부 활동	세부 추진 일정			담당
		9월	10월	11월	
고객 응대 우수 직원 인센티브 제도 실시	영업직원 의견 수렴 및 정리		중간 보고 ▼		홍길동 대리
	타사 인센티브 사례 벤치마킹				홍길동 대리
	인센티브 실행 예산 확보				○○○ 과장
	인센치브 시행안 작성 및 공지		결과 보고▼		홍길동 대리

그림 고객 응대 우수 직원 인센티브 제도 실시 일정 계획

21장

세일즈 프레젠테이션 자료 만들기

고객의 기억 창고에
확실하게 들어가는 네 가지 원리

파워포인트로 발표를 시작한 지 10분밖에 지나지 않았는데 고객은 벌써 지루해하는 것 같다. 몇몇은 회의실 밖을 바라보거나 스마트폰을 만지작거린다. 열심히 준비해 만든 자료인데 반응이 시원찮다. 유용한 정보가 가득한데 왜 모르지? 프레젠테이션이 끝나고 며칠 뒤, 그 자리에 참석했던 한 고객이 제품 구매를 위해 필요하다며 몇 가지 질문을 했다. 이런! 질문 대부분은 지난번 프레젠테이션 때 내가 보여준 내용이다. 고객은 그 내용이 있었다는 사실도 기억하지 못했다. 꼭 기억해야 할 내용을 기억하지 못한 것이다.

직장이나 학창시절에 누구나 한 번쯤은 경험한 일이다. 열심히 준비한 발표 자료가 상대에게 외면당하거나 기대와 다른 반응을 얻은 경험 말이다. 고객, 상사, 동료 등 누군가의 앞에서 프레젠테이션을 할 때 흔히 생길 수 있는 현상이다. 시각의 동물인 우리는 시각으로 정보를 전달하는 자료에 많은 영향을 받는다. 프레젠테이션 슬라이드를 시각적으로 잘 구조화해야 할 이유다. 그렇다고 오해는 하지 말자. 프레젠테이션 슬라이드 꾸미기에 많은 시간을 투입하라는 의미는 결코 아니다. 내용이 형식보다 훨씬 중요하다는 말은 옳다. 그러나 담은 접시에 따라 같은 음식이라도 느낌이 다르듯이, 보여주는 형식에 따라 같은 내용이라도 전달 효과가 달라진다. 프레젠테이션의 효과는 상대가 자신이 전달한 내용을 얼마만큼 기억하느냐에 달려있다. 아무리 유용한 정보가 많이 담겨 있는 자료라도 상대가 기억하는 것이 만약 '0'이라면 그 자료는 0점짜리에 불과하다.

그렇다면 어떻게 보여주는 것이 기억에 효과적일까? 상대의 시각을 사로잡고 당신이 기억하는 것을 그들도 기억하게 만들고 싶다면, 프레젠테이션 슬라이드는 다음 네 가지 원리를 기반으로 작성해야 한다.

1. 단순화 원리
2. 정렬의 원리
3. 강조의 원리
4. 일관성 원리

다음은 직원들의 고객 응대 동기가 부족한 원인을 조사하여 정리한 슬라이드다. 시각과 기억의 효과로 볼 때 고쳐야 할 부분이 많다. 슬라이드 작성 원리를 순서대로 적용해 수정해보자. 단순화 원리부터 시작해보자. 화살표가 가리키는 부분이 단순화 원리에 반하는 곳들이다. 반복되는 것은 한 번만 표시하였다. 어떻게 수정하는 것이 효과적일까?

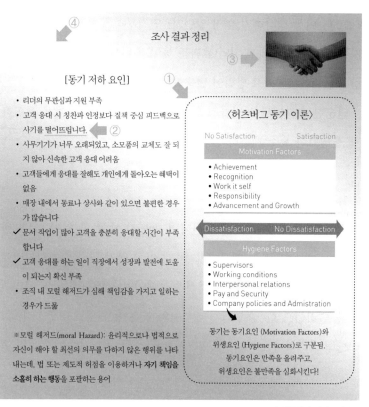

그림 잘못된 슬라이드 사례 1

단순화 원리 : 다다익악多多益惡 !

흔히 많으면 많을수록 좋다, 즉 다다익선多多益善 이라고 하는데 슬라이드의 경우는 반대다. 많을수록 나빠서, 다다익악多多益惡 이라고 할 만하다. 전달 효과가 떨어지기 때문이다. 단순한 슬라이드가 상대의 기억창고에 들어가기도 쉽고 유지되기도 쉽다.

인지 부하 이론에 따르면 우리 뇌는 작업 기억working memory 용량을 초과한 정보가 한 번에 들어오면 인지부하cognitive load에 빠지고 기억 효과가 현저히 감소하게 된다. 복잡한 글을 읽을 때, 머리가 띵하고 더 이상 생각하기 싫지 않던가? 인지부하에 빠진 순간이다. 인지부하 위험을 없애고 기억 효과를 높이기 위해서는 뇌의 정보 처리량을 줄여야 한다. 그 방법이 단순화다.

단순한 슬라이드를 만들기 위해서는 메시지 나누기, 짧게 표현하기, 불필요한 요소 제거하기가 필요하다.

1. 메시지 나누기

슬라이드가 단순해지길 원한다면 반드시 해야 할 일이 있다. 한 슬라이드에 전달하는 메시지가 두 개 이상 담겨 있다면 메시지별로 슬라이드를 나누어야 한다. 이것을 '1페이지 1 메시지 원칙'이라고 한다. 슬라이드 한 장에 담긴 메시지의 양은 어느 정도가 좋을까? 하버드대 심리학과 스테판 M. 코슬린Stephen M. Kosslyn 교수는 우리의 정

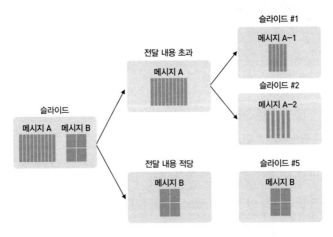

그림 1 1페이지 1 메시지와 슬라이드 나누기

보 처리 용량 한계를 고려하여 각 슬라이드의 내용은 1분 이내에 설명할 수 있을 정도만 담겨 있어야 한다고 말한다. 메시지 내용이 이 용량 제한을 초과한다면 다시 나누어야 한다.

예시 사례 1의 ①번은 다른 종류의 메시지다. 단순화를 위해 슬라이드를 나누어야 한다.

2. 짧게 표현하기

우리는 본질적으로 글로 표시된 것은 모두 읽으려는 속성이 있다. 그런데 이 경우 의미 전달에 도움이 안되는 조사나 어미들도 읽게 된다는 점이 문제다. 우리 뇌는 눈으로 들어온 정보에 대해서는 의식이든 무의식이든 일단 처리하기 때문에 불필요한 에너지가 소모된다. 한 슬라이드에서 내용이 1분 이내라고 했는데, 이는 최대치가 그렇다는 말이다. 읽는 시간이 짧을수록 메시지 전달 효과는 더욱 강력해진다. 텍스트를 가능한 짧게 표현해야 하는 이유다.

사례 1의 ②와 같이 글을 불필요하게 길게 표현하지 말자. 슬라이드에는 완성된 긴 문장이 필요하지 않다. 문장은 개요 수준으로 짧게 작성해도 충분하다. 완성된 문장은 발표자가 말로 하면 된다. 문장이 짧을수록 상대가 전달 내용을 한눈에 파악하기 쉽다.

이렇게 글을 짧게 만들어 단순화시키면 메시지가 약화되는 것이 아니라 강화된다. 단순한 메시지가 큰 임팩트를 만들고 전달 효과를 높여준다는 사실을 잊지 말자. 글을 짧게 만드는 가장 쉬운 방법은 조사를 없애거나 어미를 줄여 사용하는 것이다. 그림에서 글을 짧게 만드는 몇 가지 예를 들면 다음과 같다.

- 사기를 떨어뜨립니다. → 사기 떨어뜨림
- 경우가 많습니다. → 경우 많음
- 시간이 부족합니다. → 시간 부족

3. 불필요한 요소 제거하기

단순화는 한마디로 '빼기'의 과정이다. 더 이상 뺄 것이 없을 때가 최고의 단순화를 이룬 상태다. 무엇부터 빼야 할까? 메시지와 맞지 않거나 메시지 전달에 방해되는 요소를 가장 먼저 제거해야 한다. 사례 1의 ③번과 ④번이 여기에 해당된다.

③번은 일반적인 장식용 이미지로 슬라이드 내용과 연관성이 없다. 불필요한 요소이므로 제거한다. 만약 시각적 자극 요소로 활용하고 싶다면 내용과 관련된 이미지로 교체한다. 불필요한 정보는 인지 부하를 가중시켜 전달 효과를 떨어뜨릴 뿐이다.

다음으로 ④번을 보자. ④번은 무엇을 말하려고 하는 것일까? 슬라이드 배경이 메시지 전달에 방해되는 경우다. 사례의 그라데이션과 같은 특별한 효과로 슬라이드 배경을 꾸미면 상대의 주의를 끌고 전달 효과를 높여준다고 생각하는가? 반은 맞는 말이다. 상대의 주의를 끌 수는 있다. 그런데 슬라이드에서 주의를 시켜야 할 부분은 배경이 아니라 슬라이드 내용이 표시된 전경이다. 배경에 주의를 집중시키는 것이 무슨 의미가 있겠는가? 배경과 전경에 주의가 분산되는 악효과를 야기할 가능성만 커진다.

디자인에 자신이 없다면 슬라이드 배경은 하얀색이나 검정색과 같은 무채색을 사용하여 단순화하는 게 좋다. 최소한 다음에 열거한 것들은 피해서 슬라이드 배경을 작성하자. 이것저것 신경 쓰기 싫다면 슬라이드 배경을 만들지 않는 것도 좋은 방법이다.

- 그라데이션 효과 적용하기
- 배경 슬라이드에 두 가지 이상 색깔 사용하기
- 배경 슬라이드에 이미지 삽입하기
- 복잡한 템플릿 양식 사용하기

단순화 원리를 마무리하기 전에 글씨체도 잠깐 살펴보고 가자. 다수의 사람들 앞에서 프레젠테이션을 해야 하는 경우에는 글씨체도 전달 효과에 영향을 미친다. 어떤 글씨체를 사용하면 좋을까? 다음 두 글자를 보자. 어느 쪽이 눈에 잘 들어올까? 왼쪽은 '나눔명조'로, 오른쪽은 '나눔고딕'으로 적었다. 오른쪽 글자가 읽기 쉽다.

세일즈   **세일즈**

사실 지면에 한 글자만 놓고 비교해보면 큰 차이를 느끼지 못할수도 있다. 그러나 스크린 화면에 작은 크기로 글자들이 나열된 경우에는 차이가 분명히 드러난다. 프레젠테이션 글씨체는 눈에 띄고 쉽게 읽혀야 한다. 글씨체는 크게 명조 계열과 고딕 계열로 구분된다. 명조 계열은 글자 획의 길이가 짧고, 끝 부분에 삐침이나 흘림 같은 장식이 있다. 반면 고딕 계열은 어떠한 장식 없이 획이 곧고 단순하게 내려온다. 고딕 계열로 작성한 글자가 가독성이 좋다. 특히 글자가 작을수록 고딕 계열의 글씨체를 사용해야 한다. 명조 계열은 글자의 끝부분이 서로 뒤엉켜 시각적으로 구분하기 어렵기 때문이다.

단순화 원리를 적용하고 글씨체를 바꾸니 시각적으로 한결 보기 좋아졌다. 그런데 아직도 눈에 걸리는 부분이 있다. 다음 슬라이드의 화살표 부분은 무엇이 잘못된 것일까? 정렬의 문제다.

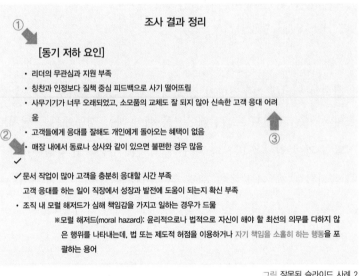

그림 잘못된 슬라이드 사례 2

정렬의 원리

A, B, C 세 종류의 슬라이드가 있다. 어떤 슬라이드가 눈에 가장 잘 들어오는가?

대부분 C라고 답한다. 정렬이 되어 있기 때문이다. 디자인 분야 세계적 베스트셀러 작가인 로빈 윌리엄스Robin Williams 는 "슬라이드 위의 그 무엇도 무작위로 놓여서는 안 된다. 모든 요소들은 슬라이드 상의 다른 무엇과 시각적인 연결성을 가져야 한다."라고 정렬의 원리를 정의하였다. 슬라이드가 정렬되어 있을 때가 읽기도 편하고 전달 효과도 높아진다. 보는 이의 시선을 사로잡기 위해서 반드시 적용해야 할 원리다.

잘못된 슬라이드 사례 2에서 ①번은 정렬이 되어 있지 않고 어정쩡한 위치에 놓여 있다. 정렬의 기준은 왼쪽이나 가운데나 오른쪽이나 상관없다. 어떤 기준이라도 적용하는 것이 중요하다. 기준 위로 가상의 선을 그린 후 그 선에 따라 일관성 있게 정렬한다. 텍스트의 양이 많을 경우에는 왼쪽 정렬을 많이 하지만, ①번과 같이 슬라이드 소제목 역할을 하는 텍스트라면 가운데 정렬도 효과적이다.

정렬을 할 때 고려해야 할 점 중 하나가 슬라이드 요소 간의 관계다. 서로 연관성 있는 가까운 요소와의 간격과 그렇지 않은 요소와의 간격에 차이를 두어 정렬하자. 보는 이의 이해도에 많은 영향을 미치기 때문이다.

다시 한번 앞 페이지의 A, B, C 슬라이드를 보자. 여기서 B도 정렬이 되었지만 C가 읽기가 더 편했을 것이다. 그 이유는 C에서는 요소들 간의 관계에 따라 물리적 거리 차이를 두었기 때문이다. 같은 동그라미들 간의 간격이 더 좁게 표현되었다. 이렇게 가까운 것들은 물리적으로도 가깝게 정렬하면 읽기가 더욱 쉬워진다.

사례 2의 ②번이 잘못된 점은 요소 간의 관계를 고려하지 않았는 것이다. 가까운 것은 가깝게, 먼 것은 멀게 배치해야 한다. ②번과 가까운 요소는 동기 저하 요인을 설명하는 문구들이다. 그런데 슬라이드에서는 오히려 연관성이 떨어지는 모럴 해저드 설명과 붙어 있다. 가까운 요소들과 간격 및 정렬 기준을 맞추어야 한다.

프레젠테이션 글이 교과서 글과 결정적으로 다른 점이 있다. 프레젠테이션은 보는 이가 의미를 쉽게 파악하는 것이 가장 중요하다. 의미의 가장 기본 단위는 '단어'다. 따라서 프레젠테이션의 글들은 단어가 완전한 형태로 표현되어야 한다. 만약 '사'만 달랑 보어주면 무슨 의미인지 짐작하겠는가? 다음에 '과'라는 말이 나올 때까지는 정확한 의미를 알기 어렵다. 의미 전달의 신속성을 위해서는 처음부터 '사과'라고 단어 중심으로 정렬해야 한다.

③은 '사과'라는 단어를 한 번에 보여주지 않고 '사------------ ---과'라고 표현하는 것과 같다. 비유하자면 '사과'라는 가족을 이산가족으로 만든 셈이다. 특별한 의도가 아니라면 슬라이드에 단어를 이산 가족으로 만들지 말자.

사례 2의 슬라이드를 수정해 정렬해보았다. 간격도 함께 조정하니 슬라이드가 조금 더 깔끔하게 정리되었다. 사례 3에 표시된 부분을 주목하며 강조의 원리로 들어가자.

조사 결과 정리 ← ①

[동기 저하 요인] ← ②

- 리더의 무관심과 지원 부족
- 칭찬과 인정보다 질책 중심 피드백으로 사기 떨어뜨림
- 사무기기가 너무 오래되었고, 소모품의 교체도 잘 되지 않아 신속한 고객 응대 어려움
- 고객들에게 응대를 잘해도 개인에게 돌아오는 혜택이 없음
- 매장 내에서 동료나 상사와 같이 있으면 불편한 경우 많음
✓ 문서 작업이 많아 고객을 충분히 응대할 시간 부족
✓ 고객 응대를 하는 일이 직장에서 성장과 발전에 도움이 되는지 확신 부족
- 조직 내 모럴 해저드가 심해 책임감을 가지고 일하는 경우가 드묾

※모럴 해저드(moral Hazard): 윤리적으로나 법적으로 자신이 해야 할 최선의 의무를 다하지
않은 행위를 나타내는데, 법 또는 제도적 허점을 이용하거나 자기 책임을 소홀히 하는 행동 ← ④
을 포괄하는 용어

그림 잘못된 슬라이드 사례 3

강조의 원리

'슬라이드 내용 중 강조할 부분만 강조하라'가 강조의 원리다. 여기서 중요한 키워드는 두 개다. '강조할 부분'과 '강조하라'라는 말이다. 키워드를 중심으로 강조의 원리에 대해 알아보자.

먼저 유의해야 할 사실은 슬라이드 내 모든 내용들은 결코 평등하지 않다는 점이다. 전달 우선순위에 따른 서열이 존재한다. 서열은 일반적으로 슬라이드 제목이나 소제목, 요약 메시지(헤드라인), 강조할 문구, 일반 문구 순이다. 각 서열은 거기에 어울리는 대우를 해주어야 한다. 특별한 의도 없이 높은 서열을 낮게 대우하거나 낮은 서열을 높게 대우하면 안 된다. 여기서 '대우'란 강조를 말한다.

'강조하라'란 말은 강조할 부분을 부각시켜 차이의 크기를 인식시키는 것이다. 다음 중 강조의 효과가 가장 큰 것은 어느 것일까? 물론 답은 누구나 알고 있지만, 그 이유를 생각하는 게 질문의 진짜 목

적이다.

A. 강조할 부분 vs. 강조할 필요 없는 부분

B. 강조할 부분 vs. 강조할 필요 없는 부분

C. **강조할 부분** vs. 강조할 필요 없는 부분

D. **강조할 부분** vs. 강조할 필요 없는 부분

E. **강조할 부분** vs. 강조할 필요 없는 부분

F. 강조할 부분 vs. **강조할 필요 없는 부분**

강조 효과는 차이의 크기에 비례한다. 즉 차이가 클수록 강조의
효과가 크다. 그리고 차이의 크기는 글자나 이미지의 크기, 두께, 색
깔이 결정한다.

A는 강조할 부분과 강조할 필요가 없는 부분 간의 차이가 없다.
강조 효과도 없다.

B는 글자 크기가 다르나 그 차이가 미미하다. 강조 효과도 거의
없다.

C는 글자 크기의 차이가 명확히 드러나 강조 효과가 있지만 크지
는 않다.

D는 글자 크기에다 두께의 차이도 주었다. 강조 효과가 크다.

E는 D에서 색깔의 차이까지 주어 눈에 가장 부각된다. 강조 효과
도 아주 크다.

그렇다면 F는? 최악이다. 강조해야 할 부분이 아니라 강조할 필요
없는 부분을 강조했다. 앞서 말한 서열이 낮은 내용을 높게 대우한

꼴이다.

사례 3에서 표시된 부분은 무엇이 잘못되었을까? ①번부터 살펴보자. '조사 결과 정리'는 슬라이드의 제목으로 서열이 높다. 따라서 거기에 맞는 대우를 해주어야 했는데 그렇지 못했다. 글자를 키우고 두께를 주어 차이를 부각시켜야 한다. 같은 원리로 ②번도 소제목이므로 강조해준다. 단, 제목보다는 덜 부각되게 한다.

또한 제목과 소제목을 강조하기 위해서는 슬라이드 내의 위치도 중요하다. 어디 두어야 할까? 서열이 높은 부분들이니 물론 거기에 어울리는 비싼 곳에 두어야 한다. 그곳은 어디일까? 땅값이 비싼 곳도 있고 싼 곳도 있듯이 슬라이드 공간들도 모두 같은 값은 아니다. 아래 그림처럼 슬라이드를 4등분했을 경우 가장 비싼 곳은 어디라 생각하는가?

A	B
C	D

슬라이드에서는 시선이 닿는 순서에 따라 공간의 가격이 결정된다. 우리의 시선은 다른 방해가 없다면 왼쪽에서 오른쪽으로, 위에서 아래로 진행된다. 따라서 시선이 가장 먼저 닿는 A가 가장 비싼 곳이고 B와 C가 다음을 차지한다. D는 시선이 가장 늦게 닿거나 시간에 쫓기면 그냥 넘어가기도 하는 곳이다. 서열이 높은 제목이나 소제목

은 슬라이드의 비싼 A 또는 B 공간에 두어야 한다. 비싼 것은 비싼 곳에, 싼 것은 싼 곳에 구분하여 두는 것도 강조의 한 방법이다.

모든 것을 다 강조하면 강조의 효과가 있을까? 당연히 없다. 다시 말하지만 강조할 부분만 강조해야 한다. 사례 3의 ③번이 놓친 것이 이것이다. 텍스트 전부를 볼드bold 처리하여 두께감을 주었다. 결과적으로는 텍스트 전부를 강조한 셈이다. 텍스트가 짧으면 문제가 되지 않지만 사례와 같이 긴 경우에는 보는 이가 기억해야 할 부분만 특정해서 강조해야 한다. 여기서 강조는 두 가지 방법으로 할 수 있다. 해당 부분의 글자 크기를 키우거나 색깔을 넣어 더욱 부각시키든지, 아니면 나머지 부분을 시각적으로 적절히 약화시키는 방법이다.

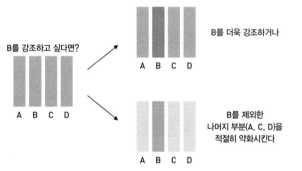

그림 강조 방법 두 가지

다시 사례 3의 ④번을 보자. 느낌이 오는가? 그렇다. ④번은 앞서 언급한 강조의 효과 사례 F와 같다. 중요하지 않는 부분을 오히려 색을 넣어 부각시켰다. 보는 이의 주의력이 제한적이라는 사실을 기억하자. 강조할 부분만 강조하라는 말에는 강조하지 말아야 할 부분은

'절대' 강조하지 말라는 의미가 포함되어 있다.

사례 3 슬라이드에서 강조할 부분은 강조하고, 그렇지 않은 부분은 드러나지 않게 수정한 사례 4는 다음과 같다.

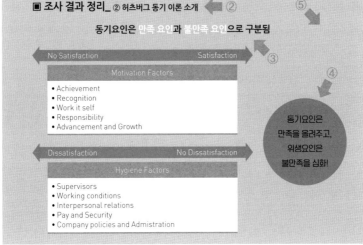

슬라이드 #1

■ 조사 결과 정리_ ① 동기 저하 요인

- 리더의 무관심과 지원 부족
- 칭찬과 인정보다 질책 중심 피드백으로 사기 떨어뜨림
- 사무기기가 너무 오래되었고, 소모품의 교체도 잘 되지 않아 신속한 고객 응대 어려움
- 고객들에게 응대를 잘해도 개인에게 돌아오는 혜택이 없음
- 매장 내에서 동료나 상사와 같이 있으면 불편한 경우 많음
- ✓ 문서 작업이 많아 고객을 충분히 응대할 시간 부족
- ✓ 고객 응대를 하는 일이 직장에서 성장과 발전에 도움이 되는지 확신 부족
- 조직 내 모럴 해저드가 심해 책임감을 가지고 일하는 경우가 드묾

※모럴 해저드(moral Hazard): 법 또는 제도적 허점을 이용하거나 자기 책임을 소홀히 하는 행동을 포괄하는 용어

슬라이드 #2

■ 조사 결과 정리_ ② 허츠버그 동기 이론 소개

동기요인은 만족 요인과 불만족 요인으로 구분됨

No Satisfaction — Satisfaction

Motivation Factors
- Achievement
- Recognition
- Work it self
- Responsibility
- Advancement and Growth

Dissatisfaction — No Dissatisfaction

Hygiene Factors
- Supervisors
- Working conditions
- Interpersonal relations
- Pay and Security
- Company policies and Admistration

동기요인은 만족을 올려주고, 위생요인은 불만족을 심화!

그림 잘못된 슬라이드 사례 4

이제 마지막으로 일관성 원리와 만날 시간이다. 이번에도 표시된 부분을 어떻게 수정하면 좋을지 잠깐 생각해보고 다음 장으로 넘어가자.

일관성 원리

다음 그림 중 어느 쪽이 기억하기 쉬울까?

물론 B다. 그렇다면 이유는 무엇일까? B가 A보다 패턴을 인식하기 훨씬 쉽기 때문이다. 패턴이 기억을 용이하게 만든다. 패턴의 힘을 느껴보고 싶은가? 그렇다면 다음 괄호에 들어갈 글자를 말해보자.

가, 나, 다, ( ), 마, 바, 사

'라'라고 답하는데 0.1초도 걸리지 않았을 것이다. 패턴의 힘이다. 일관성의 원리란 글씨체, 글자 크기, 글머리 기호, 색깔, 그래픽 스타일, 배경 등과 같은 슬라이드 구성 요소를 일관되게 적용하여 패턴을 만드는 것이다. '일관'이란 처음부터 끝까지 한결같음을 의미하므로, 한 번 사용한 구성 요소는 같은 상황이라면 반복해서 사용해야 한다. 일관성 원리에 따라 작성된 슬라이드는 연속성이 생긴다. 이 연속성이 슬라이드 전체에 통일된 안정감을 준다.

급하게 프레젠테이션을 준비할 때 사례 4의 ①번과 같이 표기하는 경우가 많다. 글머리 기호 사용이 일관되지 않았다. 슬라이드에서 먼저 사용한 글머리 기호는 '•'이었다. 상황이 달라지지 않았다면 앞서 사용한 기호를 한결같이 사용해야 한다.

사례 4의 ②번에는 어떤 일관성 오류가 있을까? ②번은 슬라이드 #2의 소제목이다. 슬라이드 하나를 놓고 보면 문제가 없다. 하지만 전체 슬라이드로 보면 다르다. 같은 소제목인데도 슬라이드 #1의 소제목과 글자 크기가 같지 않다. 이런 작은 차이가 모여 시각적으로 불안정한 슬라이드를 만든다.

슬라이드 헤드라인에 표시된 ③번의 문제는 색의 사용이다. 슬라이드 #1에서 강조할 때 사용한 색과 다른색이다. 일관성 원리에 따라 같은 상황, 여기서는 강조할 상황이라면 같은 색을 사용해야 한다. 그런데 슬라이드 #2에서 강조색으로 흰색을 사용했다. 강조색 사용에 일관성이 없다.

문제는 이것이 인지적 효율성을 추구하는 뇌의 작동 원리에 반한다는 점이다. 슬라이드를 보는 사람의 관점에서 생각해보자. 슬라이드 #1을 보면서 '파란색 텍스트=중요한 것'이라는 패턴이 생겼다. 그런데 슬라이드 #2에서는 정보가 강조된 방식이 패턴과 달라졌다. 불일치가 생긴 것이다. 이럴 경우 뇌는 패턴과 정보의 불일치를 처리하기 위해 더 많은 에너지를 사용해야 한다. 인지적 자원을 비효율적으로 낭비하는 셈이다. 아래의 동물의 실제 이름을 말해보자.

어떤 느낌이 들었는가? 어딘지 읽기 어색하고 불편하지 않았는가? 아래 그림과 비교하면 말하는 속도도 느릴 것이다.

이 과제는 뇌의 사고 처리 과정에 고의로 간섭하는 실험을 할 때 사용하는 스트룹 과제Stroop Task의 한 종류이다. 그림처럼 해당 동물을 생각할 때 떠올리는 이미지 패턴과 다른 정보가 들어오면 우리 뇌 안에서 충돌이 생기고, 그 결과로 처리 속도는 떨어지고 에너지 소모는 늘어난다.

우리 뇌는 시각 정보가 들어올 때 가장 먼저 색에 대한 정보부터 처리하고, 그다음으로 형태와 움직임을 처리한다고 한다. 시각 정보로 이루어진 프레젠테이션 슬라이드에서 색의 일관성을 특히 신경 써야 할 이유이다.

이제 사례 4의 ④번을 보자. 어떤 구성 요소의 사용이 일관되지 않았을까? 글씨체다. ④번은 슬라이드 본문과 다른 글씨체를 사용해 적은 글이다. 글씨체가 많아지면 슬라이드는 산만해지고 안정감이 떨어지기 쉽다. 게다가 글씨체의 일관성까지 결여되면 시각적으로 잘 만들어진 슬라이드가 되기 어렵다.

⑤번이 표시된 이유는 아마 금방 눈치챘을 것이다. 슬라이드 배경 색이 서로 다르다. 슬라이드 구성 요소를 다르게 표현하고 싶다면 반

드시 그럴 만한 이유가 있어야 한다. 그냥 단순히 예뻐서는 이유가 될 수 없다. 슬라이드를 보는 상대는 구성 요소가 달라지면 무언가 변화가 시작된다고 여기기 때문이다. 슬라이드 #1과 #2는 조사 결과 정리라는 같은 범주에 속한 슬라이드들이다. 같은 범주 내에 있는 슬라이드 간에는 배경색을 다르게 할 이유가 없다. 오히려 보는 이의 주의를 불필요하게 낭비시킬 뿐이다. 슬라이드 배경의 색이나 스타일은 범주가 바뀌었거나 전달 메시지 유형에 큰 변화가 있을 때만 변경해야 한다. 물론 그때도 선택적으로 신중하게 해야 한다. 자칫 일관성이 흔들릴 수도 있기 때문이다.

사례 4 슬라이드에 일관성 원리까지 적용한 슬라이드는 아래와 같다. 화려하지는 않지만 프레젠테이션 상대의 주의를 집중시켜 전달 내용을 효과적으로 기억시키는 데에는 부족함이 없다. 여기에 자신의 업무 특성이나 조직 문화에 맞게 조금 더 다듬으면 프레젠테이션 슬라이드 작성은 마무리된다.

■ 조사 결과 정리_ ① 동기 저하 요인

- 리더의 무관심과 지원 부족
- 칭찬과 인정보다 질책 중심 피드백으로 사기 떨어뜨림
- 사무기기가 너무 오래되었고, 소모품의 교체도 잘 되지 않아 신속한 고객 응대 어려움
- 고객들에게 응대를 잘해도 개인에게 돌아오는 혜택이 없음
- 매장 내에서 동료나 상사와 같이 있으면 불편한 경우 많음
- 문서 작업이 많아 고객을 충분히 응대할 시간 부족
- 고객 응대를 하는 일이 직장에서 성장과 발전에 도움이 되는지 확신 부족
- 조직 내 모럴 해저드가 심해 책임감을 가지고 일하는 경우가 드묾

※모럴 해저드(moral Hazard): 법 또는 제도적 허점을 이용하거나 자기 책임을 소홀히 하는 행동을 포괄하는 용어

■ 조사 결과 정리_ ② 허츠버그 동기 이론 소개

동기요인은 만족 요인과 불만족 요인으로 구분됨

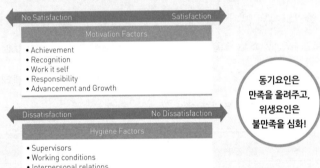

동기요인은
만족을 올려주고,
위생요인은
불만족을 심화!

22장

구매를 유도하는 세일즈 글쓰기 1

당신의 메일이 휴지통으로 가느냐 계속 읽히느냐가 결정되는 순간

메일함은 어제 저녁에 들어온 온갖 이메일로 가득 차 있다. 대부분 스팸 메일인 것 같다. 전부 지우려 하는데, 메일 하나가 눈에 들어왔다. 제목이 '당신의 사춘기 자녀를 예전의 귀여웠던 아이로 만드는 방법'이라. 요즘 짜증 대마왕이 된 중학생 둘째 아이가 떠올랐다. 잠깐 클릭! 자녀와 함께하는 체험 여행 상품 소개였다. 가격은 조금 비싸 보이지만 한번 연락해 볼 가치는 있는 것 같다. 일단 보관해야겠다. 나머지는 눈길 한 번 받지 못하고 곧장 휴지통으로!

SNS의 폭발적 확산에 반비례하여 이메일의 영향력은 이전에 비해 많이 줄었다. 그럼에도 불구하고 상대와 깊이 있는 소통을 하고 싶다면 이메일만 한 세일즈 도구도 없다. 특히 불특정인을 대상으로 자신의 제품이나 서비스를 소개하고 홍보할 때, 이메일은 여전히 위력적인 세일즈 수단이다.

불특정인을 상대로 보내는 세일즈 이메일은 세일즈 제품 종류만큼 다양하지만 본질적인 목적은 같다. 메일을 통해 잠재고객이 제품 문의나 구매라는 다음 행동을 하게끔 만드는 것이다. 그런데 연락은 고사하고 기껏 작성한 이메일이 읽히지도 않은 채 휴지통으로 버려진다면 참 속상한 일이다. 자신의 메일이 스팸으로 취급되는 것을 바라는 사람은 없다.

그런데 이것이 읽는 사람의 문제일까? 아니다. 그 사람은 지극히 합리적인 행동을 한 것에 불과하다. 인지적 효율성을 추구하는 뇌의 작동 원리에 따라 가치 없어 보이는 메일에 '주의'라는 귀중한 자원을 낭비하지 않기 때문이다. 잘못은 스팸으로 보이게 쓴 사람에게 있다. 메일을 잠재고객의 주의를 사로잡지 못하게 작성한 당신의 잘못이다.

정보에 치여 산다고 해도 결코 과장이 아닌 시대다. 의식적으로든 무의식적으로든 접하게 되는 수많은 정보들이 뇌로 들어가는 입구에서 서로 자신을 받아달라 아우성치며 노크를 한다. 그런데 그 많은 정보를 모두 처리하는 것은 뇌의 용량으로 보면 구조적으로 불가능한 일이다.

소수의 정보만 선택되어 기억이라는 뇌의 깊숙한 공간으로 들어가고, 대부분은 무시된다. 정보의 입장에서 보면 기회조차 갖지 못하고 사라지는 꼴이다. 따라서 먼저 읽을 가치가 있는 메일로 잠재고객에게 선택받는 것이 가장 중요하다. 정보 자체가 유익하고 가치 있었는지는 그다음이다.

클릭하지 않고는 못 배길 제목의 비결

선택받지 못한 메일이 잠재고객에게 무슨 의미를 줄 수 있겠는가?

의미 없는 메일은 클릭되지 못하고 곧장 휴지통으로 직행해버리는 스팸메일과 같다. 당신이 원하는 결과가 결코 이런 모습일 리는 없다. 어떻게 하면 당신의 글이 선택될 수 있을까?

메일의 클릭률을 높이기 위해서 넘어야 할 허들이 있다. 제목의 허들이다. 제목과 마주친 순간이 잠재고객의 뇌에서 당신의 메일이 스팸이 될지, 정보가 될지가 정해지는 결정적 순간이다.

평범한 제목

고객의 선택을 받으려면 평범한 제목의 허들을 넘어야 한다

그림 제목의 허들

1. 일반적이고 평범한 제목은 휴지통으로 제발 보내달라고
요청하는 것과 같다!

제목은 음식의 이름과 같다. 음식의 이름이 평범하면 아무리 맛있게 요리한 음식이라도 식당에 처음 온 손님의 선택을 받기 힘든 법이다. 같은 원리로 아무리 잘 적은 세일즈 글이라도 제목이 평범해서는 잠재고객의 선택을 받기 어렵다.

고객의 선택은 지금 받지 못하면 대부분 앞으로도 받지 못한다. 한번 선택되지 못한 음식이 주문 뒤 다시 선택되는 일은 거의 없다는 말이다. 이메일로 세일즈하는 온라인 공간에서는 이러한 현상이

더욱 강하게 나타난다. 처음에 눈길을 주지 않은 메일을 나중에 시간
이 좀 있다고 다시 찾아보는 일은 거의 없다(설령 이런 일이 생기더라도 운
에 불과하다. 신경 끄자).

　물론 이름은 평범하지만 음식의 맛이 소문났거나, 먹어본 적 있는
음식이라면 그 음식을 선택할 수도 있다. 소문난 맛은 제품의 인지
도, 음식을 먹어본 사람은 기존 고객을 의미한다. 당신이 세일즈하는
제품이 시장에서 인지도가 높거나, 기존 고객만을 대상으로 하는 것
이라면 제목이라는 첫 번째 허들은 무시해도 좋다. 그런데 이런 경우
가 과연 있을까? 세일즈의 기본 속성상 거의 없는 일이다. 어쨌든 이
런 특별한 경우가 아니라면 평범한 제목으로는 고객의 시선을 얻기
어렵다는 사실을 명심해야 한다.

　선택을 위해 첫 번째로 넘어야 할 허들은 제목이다. 앞서 제안서
를 작성할 때 언급한 목적 중심의 제목도 허들을 넘는 좋은 방법이
지만, 불특정인을 상대로 할 때는 제목에 더욱 신경을 써야 한다. 본
문을 읽지 않고 지나치기엔 아깝다는 생각이 저절로 들 정도로 매력
적인 제목을 만들어보자. 글을 읽는 대상이 특정되지 않은 경우는 반
드시 해야 할 일이다.

2. 관련성이 높을수록 매력적이다. 세일즈 타깃을 좁혀라!

　2011년 카네기멜론대학교에서는 어떤 이메일 제목이 더 효과적
인지 알아보는 연구를 진행했다. 실험 참가자들은 다양한 이메일들
을 훑어본 뒤 어떤 이메일을 읽을지, 어떤 이메일을 삭제할지를 결정
하고 그 이유를 이야기했다. 연구자들은 사람들이 이메일의 제목을

두 가지 요인으로 판단하고, 그 결과에 따라 이메일의 운명을 결정한다는 것을 발견했다. 바로 유용성과 호기심이다. 자신과 관련이 많은 이메일일수록 유용성과 호기심을 느끼고 이메일을 읽는 경우가 많았다.

고객의 유용성과 호기심을 불러오는 글을 쓰기 위한 첫 번째 단계는 세일즈 타깃(목표 고객)을 세분화segmentation 하는 것이다. 그런 뒤 그렇게 세분화된 세일즈 타깃에게 보낸다는 생각으로 제목을 작성해보자. 그렇게 만들어진 제목은 그 타깃들에게는 더할 나위 없이 매력적으로 보이게 된다. 자신과 관련성이 높은 제목이기 때문이다. 세일즈 타깃의 범위가 좁을수록 제목의 매력은 커지게 된다.

예를 들어, 금융 상품을 소개하는 이메일을 보낸다고 해보자. 다음 세 가지 제목 중 어떤 제목이 고객의 시선을 끌 가능성이 높을까?

1. 좋은 아빠가 되는 법
2. 자녀에게 경제적으로 좋은 아빠가 되는 법
3. 3년 이내에 10억 이상 현금 자산을 보유하여 자녀에게 경제적으로 좋은 아빠가 되는 법

고객에게 매력적인 순서, 즉 선택되는 순서는 3번 → 2번 → 1번 순이다. 혹시 1번이라 생각했는가? 그것은 글을 쓴 사람의 바람일 뿐이다. 선택은 '0' 아니면 '1'로 구성된 디지털 세계와 유사하다. 선택하든지 하지 않든지 둘밖에 없다. 또한 선택의 세계에서는 관련성이 '1'이 안 되면 전부 '0'으로 취급된다. 0.99999라도 말이다.

물이 끓어 기체가 되기 위해서는 임계점을 통과해야 한다. 임계점에 도달하지 못하면 아무리 물이 뜨거워도 그냥 액체일 뿐이다. 기체를 만드는 것이 목적이라면 주전자에 아무리 많은 물이 담겨 있다하더라도 이 상태로는 의미가 없다. 이메일을 선택하는 과정은 기체가 되는 과정과 유사하다. 관련성이 '1'이 되는 지점이 선택의 임계점, 즉 선택점이다. 세일즈 타깃이 아무리 많아도 그들의 관련성이 선택점 아래에 있다면 당신의 이메일을 선택하는 일은 일어나지 않는다. 빛 좋은 개살구에 불과하다.

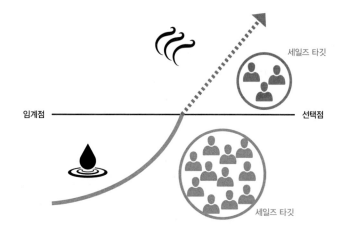

세일즈 타깃이 아무리 많아도 선택점 아래에 있다면 당신의 메일을 선택하지 않는다

그림 임계점과 선택점

1번 제목은 세일즈 타깃 범위는 넓지만 타깃들이 느끼는 관련성도 크지 않다. 위의 그림에서처럼 세일즈 타깃들이 선택점 아래에 있다. 반면 3번 제목은 비록 세일즈 타깃 범위는 좁지만 그들이 느끼는 관련성은 1번 제목보다 클 가능성이 크다. 이메일을 선택해서 열어 볼 확률이 높다는 의미다.

이런 의문을 제기하는 사람도 있다. 타깃이 좁으면 타깃 밖의 놓 치는 사람도 많으니 타깃이 넓은 제목을 사용하는 것이 좋은 것 아 니냐고. 과연 그럴까?

낚시에 비유해보자. 모든 물고기를 유혹하는 미끼는 없다. A를 잡 기 위해서는 지렁이를, B는 새우를, 몸집이 큰 C는 작은 물고기를 미 끼로 사용해야 한다. 잡아야 하는 고기의 종류에 따라 사용하는 미끼 또한 제각각이다. 물론 낚시꾼 입장에서는 만능 미끼를 원하겠지만, 그런 건 없다.

마찬가지로 세일즈맨도 만능 제목을 원하지만, 그것 또한 희망사 항일 뿐이다. 자신의 이메일을 고객이 물게 하려면 세일즈 제품 고객 군을 먼저 세분화하여 그 사람들이 흥미를 느낄 제목을 사용해야 한 다. 이렇게 하면 세일즈 타깃 고객의 관심을 처음부터 강력하게 끌어 들일 수 있는 효과가 있다. 부수적으로는 수가 많아도 세일즈에는 크 게 도움이 되지 않는 허수 고객을 사전에 배제하는 효과도 누릴 수 있다.

세분화의 유래를 살펴보면 이유가 더욱 명확해진다. 세분화란 시 장에서 비슷한 선호와 취향을 가진 잠재고객들을 묶어서 몇 개의 그 룹으로 나눈 뒤, 이 중 특정 그룹을 골라 마케팅 자원과 역량을 집중 하는 것을 말한다. 이렇게 한정된 자원을 효율적으로 활용하기 위해 개발된 전략이 세분화 전략이다. 이 전략의 핵심은 잠재고객 전체를 대상으로 세일즈할 생각을 버리는 것이다.

아래와 같이 세일즈 타깃을 콕 집어 제목을 만들어보자. 훨씬 매력적으로 보이지 않는가?

- 예비 고1 학생을 가진 40대 부모님들께 드리는 특별한 겨울방학 집중 공부 패키지
- 갱년기에 접어든 여성을 위한 자연에서 온 석류 한정 판매
- 단 한 달, 뉴타운 입주 주민들만 만날 수 있는 최신 SUV 구입 기회
- 지금 사랑하는 연인의 마음을 얻고 싶은 분은 꼭 읽어보세요!

이렇게 목표 고객을 애매한 다수가 아닌 콕 집은 소수로 정해야한다. 세일즈 타깃은 넓지만 느슨한 관심을 끄는 막연한 제목보다는 타깃은 좁지만 촘촘한 관심을 이끌어내는 세분화된 제목을 사용하는 것이 메일의 선택 가능성을 높여준다. 모든 고객을 상대하면 모든 고객을 잃는다!

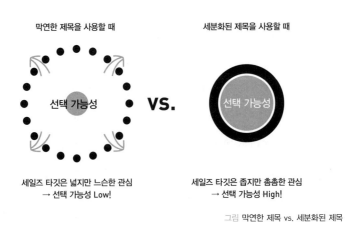

그림 막연한 제목 vs. 세분화된 제목

3. 영화처럼 구체적이고 생생하게!

관계는 첫인상에서 시작한다. 첫인상이 좋으면 다가가기도 친해지기도 쉽다. 물론 첫인상이 나빠도 좋은 관계로 발전할 수는 있다. 다만 이런 경우가 드물 뿐이다!

관계에서 첫인상을 만드는 것이 얼굴이라면, 글의 첫인상은 제목이 만든다. 속을 알 수 없는 표정을 짓고 있는 사람에게 좋은 인상을 받은 적이 있는가? 이런 경우 또한 드물 것이다. 마찬가지로 무슨 말인지 이해하기 힘든 모호한 제목을 보고 그 글에 대해 좋은 느낌을 갖기는 어렵다.

그런데 첫인상은 단순히 처음에만 중요한 것이 아니다. 관계에서 첫인상이 좋으면 다음 만남에 대한 기대가 높아지듯이, 좋은 제목은 본문에 대한 기대감을 높여준다.

좋은 제목은 핵심 메시지를 영화처럼 구체적이고 생생하게 떠올리게 만든다. 겉(제목)을 보고도 속(핵심 메시지)을 알 수 있는 제목이 좋은 제목이다. 고객 그룹을 세분화한 뒤 제목에 구체성을 가미해서 제목을 뽑아보자. 이렇게 만들어진 제목은 글을 읽는 이에게 긍정적 기대감을 심어준다. 비유하자면 기대의 안경을 씌우는 것과 같다. 그리고 일단 안경을 썼다면 그 뒤로 안경의 영향에서 자유로운 것은 없다. 기대의 안경알들은 밝은색이다. 따라서 기대의 안경을 쓰고 보면 모두 밝게 보이게 된다. 반면에 어두운 실망의 안경을 썼다면 모두 어둡게 보인다. 다음과 같은 제목의 메일을 받았다고 가정해보자.

딸과 함께 멋진 셀카를 찍고 싶은 젊은 아빠가 월 2000원에 최신 스

마트폰 구입하는 법

　모든 사람이 아니라 딸이 있는 젊은 아빠들로 세일즈 대상을 좁힌 뒤 '월 2000원에 구입'이라는 구체적인 정보를 삽입하여 만든 제목이다. 만약 당신이 여기에 속해 있다면, 당신의 관심과 기대감을 가져오는 좋은 제목이다. 읽으면 좋을 것 같다는 생각이 든다. 기대의 안경을 쓰는 순간이다. 이렇게 딸로 적어도, 읽는 사람의 입장에서는 아들도 같은 의미로 받아들인다. 또한 젊은 아빠뿐만 아니라 젊은 엄마, 나이 든 아빠 모두 관심을 가진다. 좁히면 오히려 넓어진다. 재미있지 않은가?

　안경을 쓴 다음부터는 자신에게 유리한 정보만 선택적으로 받아들이는 확증 편향이 작용한다. 즉 글을 읽는 동안 자신의 기대와 일치하는 정보는 수렴하고 불일치하는 정보는 보지 않거나 보더라도 완화하여 본다. 여기서 완화란 기대에 일치하는 쪽으로 해석하는 것을 의미한다. 아무런 기대 없이 볼 땐 그냥 검은색의 글이 기대의 안경을 쓰고 볼 땐 안경의 색으로 완화되어 보인다는 말이다.

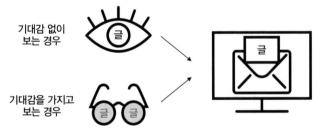

그림 기대의 안경

기대의 안경은 한번 쓰면 벗기 쉽지 않다. 기대가 클수록 안경의 색과 확증 편향은 강해진다. 구매해야 할 이유는 분명해 보이고 구매 욕구는 커진다. 최고의 고객이 되는 것이다.

한번 형성된 인상은 바꾸기가 쉽지 않다. 마음의 시멘트에 새겨지는 과정과 같다. 잠재고객은 글의 제목을 보는 순간 거의 무의식적으로 평가를 하게 된다. 우리 뇌의 본능적 활동이다. 그리고 그 결과가 좋은 인상 또는 나쁜 인상으로 남게 된다. 이렇게 만들어진 인상은 시멘트에 새긴 글처럼 마음에 좀처럼 지워지지 않는 흔적이 되고, 확증 편향의 형성에 영향을 미친다.

첫인상은 단 한 순간에 결정된다. 제목을 처음 접하는 순간이다. 두 번은 없다. 당신의 메일이 휴지통으로 가느냐 계속 읽히느냐가 결정되는 순간이기도 하다. 글쓰기에서 넘어야 할 첫 번째 허들이다. 읽을 고객을 세분화하고 핵심 내용과 정보가 명확하게 드러나는 제목으로 허들을 넘어가자.

23장

구매를 유도하는 세일즈 글쓰기 2

처음 세 줄에
승부를 걸어라

잠재고객이 당신의 메일을 클릭하였다면 일단 의미 없이 사라질 운명에서는 피했다. 그러나 아직 안심은 금물이다. 세일즈 글쓰기에서는 "처음 세 줄에 승부를 걸어라."라는 말이 있다. 도입부에서도 처음이 특히 중요하다는 것을 강조한 말이다. 당신의 글이 지금 읽힐지, 아니면 나중에 읽힐지 결정되는 부분이기 때문이다. 물론 지금 아니면 나중은 없다. 설령 있다 하더라도 그건 그냥 운일 뿐이다. 아주 드문.

읽지 않고는 못 배길 도입부 만들기

아래 네 가지 방법을 활용해 힘 있는 도입부 문장을 만들어보자.

1. 위험 강조하기
2. 지름길 보여주기
3. 맞춤 느낌 주기
4. 문제 쿡 찔러보기

1. 위험 강조하기: 위험은 비교를 통해 명확히!

생각에는 두 종류가 있다. 하나는 정확도는 떨어지지만 자동적이고 무의식적으로 진행되어 처리 속도가 빠르고, 또 하나는 정확하지만 의식적 주의 기능을 활용하여 느리다는 것이 특징이다. 우리 뇌가 위험을 느끼면 어떤 생각을 할까? 상대적으로 덜 정확할 수는 있지만 빠른 생각을 한다. 위험에 신속하게 반응하는 것은 생존과 직결한 문제일 수도 있기 때문이다. 노벨경제학상을 수상한 행동경제학자 대니얼 카너먼은 빠른 생각을 시스템 1, 느린 생각을 시스템 2로 구분했다.

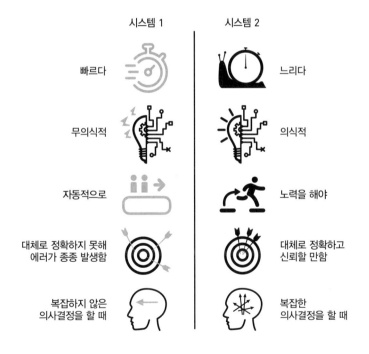

그림 시스템 1 vs. 시스템 2

고객이 시스템 1의 생각을 가지고 있으면 세일즈에 유리한 점이 많다. 무의식적이고 자동적으로 빠른 결정을 내리기 때문이다. 세일즈 글도 자동적으로 읽게 된다. 고객의 머리속에 시스템 1을 작동시키기 위한 방법 중 하나가 아래의 같이 위험을 강조하는 것이다.

- 은퇴 후 인간다운 삶을 위협하는 가장 큰 요인은 무엇이라 생각하시나요? 많은 전문가들은 경제적 어려움을 애기합니다. 당신은 어디까지 대비하고 계신가요? (투자증권회사)
- 집은 소중한 가족을 지켜주는 가장 건강하고 안전한 곳이어야 합니다. 그런데 집에서 나는 아주 작은 냄새가 질병의 원인이 될 수도 있다는 사실을 알고 계십니까? (청소전문업체)
- 치매는 가장 잔인한 질병입니다. 사랑하는 이들의 기억을 지워버리기 때문이지요. 그런데 65세 이상 노인 중 10퍼센트가 치매에 걸린다는 사실을 아세요? (생명보험회사)

세일즈 타깃이 잘 세분화되었다면, 이런 도입부 문장을 읽은 고객은 자신이 큰 곤경에 빠지거나 많은 금전적 손해를 감수해야 할지도 모른다는 생각이 들게 된다. 평소에는 인식하고 있지 않았던 사실이 당장 해결되지 않으면 안 될 문제로 느껴진다. 이것이 포인트다. 그 문제에서 벗어나게 해줄 구명보트가 당신의 글뿐이라는 시스템 1의 생각이 고객의 머리속에 가득해진다. 당신의 글을 어찌 읽지 않을 수 있을까?

여기서 꼭 기억해야 할 것은 우리 뇌는 위험을 비롯한 감각을 인식할 때는 절대값이 아니라 비교값으로 그 정도를 인식한다는 점이다. 항상 '무언가'와 '무언가'를 대비해야만, 즉 비교할 대상이 있어야 비로소 그 차이를 인식할 수 있다. 이것이 인식의 대원칙이다.

0도의 물에 손을 넣어보자. 따뜻할까? 차가울까? 말하기 어렵다. 비교할 대상이 없기 때문이다. 얼음물에 담근 손으로 만졌다면 따뜻하게, 뜨거운 물에 담근 손으로 만졌다면 그 물은 차갑게 느껴진다. 얼음물이나 뜨거운 물이라는 비교 대상이 없으면 비교값을 만들 수 없고, 비교값이 없다면 감각을 인식할 수 없다.

비교 대상을 먼저 고객의 머리속에 명확하게 심어주자. 그 뒤에 위험이 현실이 된 미래 상태(to be)를 말하면 고객이 느끼는 위험 강도는 훨씬 커진다. 비교 대상은 세일즈 제품이나 서비스를 구매하기 전의 현재 상태(as is)를 말한다.

비교 대상과의 차이, 즉 비교 값을 최대한 높이는 것이 핵심 포인트다. 현재 상태와 미래 상태의 차이(gap)를 크게 보여줘야 한다(그림 '위험의 강도는 차이의 크기에 달려 있다' 참고). 세일즈 목표 고객(글을 읽고 있는

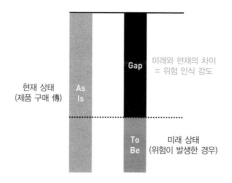

그림 위험의 강도는 차이의 크기에 달려 있다

고객)의 현재 좋은 점은 더욱 부각시키고, 위험이 발생하면 변하게 될 미래의 나쁜 점은 강조하는 식으로 말이다. 차이의 크기가 클수록 위험 인식의 강도도 커진다는 사실을 잊지 말자.

다음 중 위험을 가장 크게 인식시킬 수 있는 글은 어느 것일까?

A. 지금 계시는 직장을 잃게 될 수 있습니다. (미래 위험 강조 없이 단순 언급)

B. 지금 계시는 직장을 잃게 되어 소중한 아이의 미래 준비도 엉망이 될 수 있습니다. (미래 위험 강조)

C. 가족에게 당신은 항상 든든한 버팀목이었습니다. 그런데 지금 계시는 직장을 잃게 되어도 그럴 수 있을까요? 소중한 아이의 미래 준비도 엉망이 될 수 있습니다. (현재 좋은 점 부각, 미래 위험 강조)

C라고 답할 것이다. A는 위험을 단순히 언급한 수준이고, B는 위험을 강조하긴 했지만 비교되는 현재를 명확히 제시하지 않아 위험의 강도(현재와 미래의 차이)가 C보다 떨어지기 때문이다.

오해는 하지 말자. 없는 위험을 만들거나 위험을 과장해서 고객에게 공포감을 심어주어야 한다는 뜻은 결코 아니다. 고객이 생각하지 못했거나 알고서도 외면하고 있었던 위험을 똑똑히 보여주어야 한다는 의미다. 거기에 덧붙여 비교할 수 있는 현재의 긍정적 상태를 부각시키면 더욱 효과적이다.

2. 지름길 보여주기: 비용을 확 줄이거나! 이익을 확 올리거나!

어느 고객이라도 들으면 저절로 미소 짓는 말이 있다. '공짜'와 '이익'이란 말이다. 구매 동기를 자극하는 대표적인 말들이다. 흔히 하는 말로, 공짜라면 양잿물도 마신다고 하지 않는가? 또한 사회적 가치와 대의 명분도 좋지만 자신에게 이익이 되지 않는 것까지 좋아서 구입하는 사람도 없다. 공짜는 고객이 지불하는 비용으로, 이익은 고객이 얻는 효과다. 그렇다면 비용 대비 효과는 무엇일까? 그것이 '효율'이다. 비용은 작을수록, 효과는 클수록 효율은 커진다.

$$효율\uparrow = \frac{효과\uparrow}{비용\downarrow}$$

세일즈 도입부를 성공적으로 쓰고 싶다면 이 말에 주목해야 한다. 우리 뇌가 가장 듣기 좋아하는 말이 '효율'이기 때문이다. 이 말처럼 뇌를 짜릿하게 자극하는 것도 없다. 도입부에서 고객의 뇌가 '효율'을 강하게 느끼게 만들어라. 비용 측면이든 이익 측면이든 어느 쪽을 강조해도 상관없다. 아무튼 당신의 제품이나 서비스가 다른 것들보다 효율이란 목적지에 더 빨리 도달할 수 있는 지름길이라는 것을 보여주는 것이 중요하다.

지름길에 시선을 주지 않는 고객은 없다. 효율은 우리 뇌에서 보상으로 작용하고, 그 보상이 쾌감의 호르몬, 도파민을 분출시키기 때문이다. 도파민은 우리 뇌에서 이성적 판단을 담당하는 전전두엽에도 긍정적 영향을 미친다. 당신의 글을 끝까지 읽게 하는 주의 집중력이 작용하는 곳이다.

두 가지 지름길이 있다. 하나는 비용을 더 많이 절약하게 해주는 비용 지름길이고, 또 하나는 이익을 더 많이 가져가게 해주는 이익 지름길이다.

지름길을 보여주는 예시 문장은 다음과 같다.

비용 지름길 보여주기

- 최고급 한우를 백화점 대비 20퍼센트 저렴하게 살 수 있는 기회입니다.
- 똑같은 의료비 보장을 받으면서도 보험료를 30퍼센트 줄일 수 있는 방법이 있습니다.
- 비싼 헬스장에 가지 않고도 건강한 몸매를 만들 수 있습니다.
- 5000만 원으로도 용인의 아파트를 내 집으로 만들 수 있습니다. 그 방법은 무엇일까요?

이익 지름길 보여주기

- 사랑하는 아이의 기억에 평생 남을 수 있는 좋은 엄마, 아빠가 되는 방법에 대해 들어보시겠습니까?
- 이 제품에만 있는 차별화된 기능이 당신과 동료들의 업무 생산성을 눈에 띄게 향상시킬 것입니다.
- 최고의 면접전문가가 개발한 역량 면접에서 절대 실패하지 않는 열두 가지 전략을 이 글을 읽는 당신에게만 공개합니다.

물론 두 지름길 모두를 보여주면 효과는 배가 된다. 단 글이 너무 길어지는 것만 조심하자.

- 하루에 딱 10분만 투자하면 미국에 가서도 통하는 영어를 말하실 수 있습니다.
- 트렌디한 가구를 구입할 때 10퍼센트 낮은 가격에 10퍼센트 더 많은 혜택을 얻는 비법을 공개합니다.

고객의 가장 큰 두려움이 비싼 가격에 구매하는 것이라면, 가장 큰 즐거움은 남들보다 적은 비용으로 구매를 하여 큰 효과를 보는 것이다. 이 즐거움을 자극만 시켜준다면 고객은 기꺼이 당신의 글 전부를 읽게 된다. 우리 뇌가 원하는 길이기도 하다.

3. 맞춤 느낌 주기: 이건 나를 위한 이메일이야. 꼭 봐야 해!

①과 ②의 크기는 사람마다 다르다

그림 맞춤 느낌 영역

맞춤 느낌은 고객이 의미를 두고 있는 영역을 건드릴 때 일어난다. 이 영역은 두 가지다. 하나는 '자기 자신 영역'이고 다른 하나는 '자신과 관련된 주변 영역'이다.

칵테일 파티 효과에 따라 우리들은 자신에게 의미 있는 것에 대해서는 자동적으로 지각을 하기 때문이다. 이 지각이 맞춤 느낌을 준다.

고객의 '자기 자신 영역(①)'에 들어가는 효과적인 방법은 2인칭을 사용하는 것이다. 2인칭 단어가 있는 문장을 읽는 고객은 비록 아닌 줄 알지만 이메일이 자신을 위해 쓰여진 듯한 느낌을 받는다. '나를 위한 메일이야!' 하면서 말이다.

아래와 같은 이메일을 받았다고 해보자. 자신의 이야기라고 느낀다면 이어지는 내용이 궁금하지 않겠는가? 그 궁금증이 이메일을 끝까지 읽게 만든다.

- 사람들 앞에만 서면 바들바들 떠는 프레젠테이션 공포에서 탈출하고 싶은 당신에게 특별한 과정을 소개합니다.
- 매일 한 시간만 더 있으면 좋겠다고 생각하는 당신에게 좋은 소식이 있습니다. 새로운 시간을 추가로 얻는 방법입니다.
- 꽃을 좋아하는 아내를 둔 당신이 모르는 사실이 있습니다. 무엇일까요?

만약 도입부의 시작이 아래와 같다면 어떨까?

- 세일즈 매니저님, 최신 판매 기법을 알려드립니다.

- 고객님께 새로운 상품을 소개하겠습니다.

2인칭을 사용한 글보다 눈을 끄는 정도가 훨씬 약하다. 휴지통으로 직행하기 쉽다. 다시 말하지만, 모든 고객을 상대로 하려면 모든 고객을 잃어버릴 수 있다는 것을 기억하자.

가족, 동료, 회사 등 자신과 관련된 영역(②)을 건드리는 것도 효과가 있다. 물론 가치를 어디에 더 많이 두느냐에 따라 ②번 영역은 클수도, 작을 수도 있다.

- 새내기 대학생이 가장 받고 싶어 하는 선물이 무엇인지 아시나요? (가족)
- 팀 생산성을 획기적으로 올리는 열 가지 방법을 공유합니다. (동료)
- 당신 회사의 경쟁사들 70퍼센트는 이 시스템을 사용하고 있습니다. 이유는 무엇일까요? (회사)

김춘수의 〈꽃〉이란 시에는 이런 유명한 구절이 있다.

내가 그의 이름을 불러주기 전에는 그는 다만 하나의 몸짓에 지나지 않았다.
내가 그의 이름을 불러주었을 때, 그는 나에게로 와서 꽃이 되었다.

세일즈 글에서 고객을 꽃으로 만드는 방법도 같다. 고객이나 고객이 가치를 두는 주변의 이름을 불러주자. 물론 상대의 이름을 알고 있어 그 이름을 직접 불러주면 더욱 효과가 있다. 그것이 아니라면 차선책으로 '당신'이라는 2인칭을 잘 활용하자. 이때 세일즈맨이 생각하는 고객의 욕구나 상태를 수식어로 만들어 '당신'이란 말 앞에 붙여주는 것이다. 다음과 같이 쓰면 최소한 고객의 의미 없는 몸짓(스팸 메일로 처리)에서 벗어날 가능성은 높아진다.

- 은퇴 후에도 안정된 노후를 보장받고 싶은 당신이라면 놓치지 말아야 할 기회!
- 결혼을 눈 앞에 둔 당신이 꼭 알아야 할 세 가지 비밀

4. 문제 쿡 찔러보기

누구나 문제를 가지고 있고 그 문제를 해결하려고 한다. 제품이나 서비스를 구매하는 것은 궁극적으로는 문제 해결이라는 욕구를 충족하기 위해서고, 최신 노트북을 사는 것은 지금 가지고 있는 구형 노트북의 성능 저하라는 문제를 해결하기 위해서다. 종신 보험에 가입하는 것도 자신이 죽고 난 뒤 가족이 겪을지 모르는 경제적 어려움이라는 문제를 해결하고 싶은 욕구에서 비롯된 것이다. 이렇게 보면 세일즈란 고객의 문제를 해결해주는 것이다. 마치 컨설팅처럼 말이다.

고객의 입장에서 보면 문제는 자신의 아픈 구석이다. 살짝 찌르기만 해도 반응을 보일 수밖에 없는 곳이다. 그런데 찌르는 데도 방법이 있다. 다음 두 예시를 비교해보자.

A. "귀사에서 보내준 제안요청서에 따르면 ○○병원은 최근 성장에 어려움을 겪고 있는 것으로 보입니다. 저희가 제공하는 솔루션은 다음과 같습니다. 하나……."

B. "귀사에서 보내준 제안요청서에 따르면 ○○병원은 최근 성장에 어려움을 겪고 있는 것으로 보입니다. 어떤 솔루션을 적용하면 좋을까요? 다음 장에 저희가 제공하는 솔루션을 보여드리겠습니다."

글을 읽는 사람이 병원 담당자라면 어느 문장에 더 끌릴까? B다. 차이는 문제를 표현하는 방식에 있다. A는 단순히 현상과 솔루션을 서술했다. 고객의 문제를 찌르기는 하지만 끝이 뭉툭한 꼴이다. 글에 대한 경계의 벽을 뚫기에 약하다.

B는 다르다. 질문으로 끝을 날카롭게 만들어 찔렀다. 그 결과 고객의 머릿속에 지식의 공백을 만들었다. 호기심과 기대감이 채워질 공간이다. 여기까지도 효과는 충분하지만 사례에서는 한 가지를 더했다. 솔루션을 바로 이야기하지 않고 뜸을 들였다. 티저 효과_{teaser effect}까지 추가한 것이다. 찌르기 효과를 최대화시켰다.

참고로 말하면 티저는 '놀리다, 귀찮게 한다'라는 뜻을 가진 'tease'에서 비롯된 말이다. 티저 효과란 한번에 모든 것을 보여주지 않고 조금씩 간드러지게 보여주어, 고객의 호기심과 기대감이 극대화되는 것을 말한다. 티저 기법은 특히 말보다는 글로 고객의 관심을 끄는 데 유용한 방법이다.

고객이 해결하고 싶은 문제를 콕 찌르면 고객은 그때부터 여러 정보 중에 그 문제에 관련된 정보만 선택적으로 주의하게 된다. 선택적 주의를 잘 활용하면 세일즈 글의 효과를 향상시킬 수 있다. 우리는 선택한 것을 주의하고, 주의한 것을 더 잘 기억한다.

A, B 두 그룹으로 나누어 기억 실험을 하였다. 두 그룹원들 모두 주택을 둘러보는 동일한 동영상을 보았다. 그룹별로 다른 점은 그 동영상을 보는 목적이었다. A그룹은 도둑질을 해야 하고, B그룹은 구매해야 하는 상황을 가정해서 보라고 했다. 결과는 어땠을까? 두 집단에서 기억하는 내용이 상당히 달랐다. 도둑질을 해야 할 A그룹은 집 안으로 침입할 수 있는 창문이나 내다 팔 물건들을 기억했다. 반면에 주택을 구입하는 B그룹은 방의 크기나 생활 편의시설 등을 기억했다고 한다. 모든 정보가 아니라 목적에 부합하는 정보에 대해서만 선택적으로 주의하고 기억했기 때문이다.

오늘 집을 나서서 다시 집에 들어가는 순간까지 노란색을 찾아보자. 내 주변에 이렇게 많은 노란색이 있었나 깜짝 놀랄 것이다. 이제까지 주의를 하지 않아 기억하지 못했던 노란색에 주의를 하니 보이기 시작한 것이다. 건강 검진을 받으러 병원에 갔을 때, 기다리는 동안 몸의 이곳저곳이 괜히 좋지 않은 듯한 기분을 느낀 적이 있을 것이다. 그것 또한 선택적 주의가 작동한 까닭이다. 다시 말하지만 우리의 목적에 따라 주의는 선택적으로 작용한다.

선택적 주의를 이끌어내는 문제를 만드는 순서는 다음과 같다.

1. 먼저 당신이 세일즈하는 상품의 핵심 기능을 나열한다.
2. 다음으로 그 기능에서 얻을 수 있는 고객의 혜택을 적는다.

3. 마지막으로 편익을 질문으로 바꾼다.

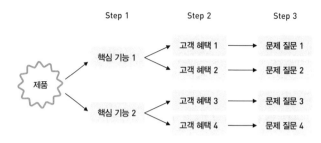

그림 선택적 주의를 이끌어내는 문제 만들기

SUV를 판매하는 자동차 세일즈를 예로 들면 다음 그림과 같다.

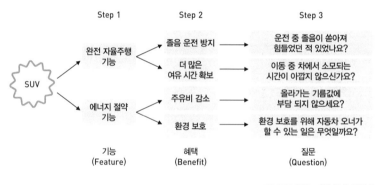

그림 SUV 세일즈에서 문제 만들기

고객의 문제를 찔러 선택적 주의가 작동하게 만들면 고객은 당신의 글을 읽지 않을 수 없다. 특히 글의 앞부분에서 찌르기가 일어날수록 당신의 글에 대한 고객 몰입도는 올라가게 된다.

여담으로 말하면, 선택적 주의를 잘 활용하면 세일즈 능력을 남들보다 좀 더 빨리 향상시킬 수 있다. 예를 들어 세일즈 능력 개발 책을 읽을 때 질문을 먼저 만들고 읽으면 효과는 배가 된다. 질문 만들기는 쉽다. 책의 목차를 의문형으로 바꾸어 스스로에게 질문하고 종이에 적기만 하면 된다.

- 비유 없는 화법은 실적 없는 세일즈맨이다 → "왜 비유 없는 화법은 실적 없는 세일즈맨일까?"
- 고객을 몰입시키는 일곱 가지 비법 → "고객을 몰입시키는 일곱 가지 비법이라는 것이 무엇일까?"

책의 본문을 읽기 전에 이렇게 스스로 질문하고 글로 적으면 우리 뇌에서는 선택적 주의가 작동하기 시작한다. 그 결과, 노란색을 보기로 생각하고 보면 노란색이 더 잘 보이듯이 배우고 싶은 것들이 더 잘 보이게 된다. 기억도 잘되고 오래간다. 책의 지식이 뇌에 단단히 흡수되는 것이다.

24장

구매를 유도하는 세일즈 글쓰기 3

고객의 무의식을
'긍정적으로' 자극하라

세일즈 글의 본문의 내용은 세일즈 종류별, 상황별로 천차만별이겠지만 목적은 한 가지다. 글을 통해 고객의 마음을 움직이는 것이다. 어떤 글이 마음을 움직일 수 있을까? 쉽게 이해되고 마음이 가기 쉬운 글이다.

이해하기 쉬운 글은 어떤 글일까?

1. 고객의 눈높이에서 고객의 언어로 작성하자
다음 예시를 보자.

A. 라여직움을음마의객고

혹시, A와 같이 글을 쓰면서 고객의 변화를 바라고 있는가? 글뿐만 아니라 모든 커뮤니케이션이 그러하듯 고객의 마음이 움직이는 과정은 두 단계를 거친다. 먼저 글을 이해하고 다음으로 그 내용(전달 메시지)의 적합성을 평가한다. 평가 결과에 따라 마음이 움직인다.

따라서 고객의 마음을 움직이기 위해서는 먼저 고객이 당신의 글을 쉽게 이해할 수 있어야 한다. 전달하는 메시지에 대해 고객이 좋은 평가를 해주기를 바라는 것은 그다음 일이다. A처럼 이해가 되지 않은 글은 내용에 대해 평가를 받을 기회조차 없다.

물론 의도적으로 읽기 어려운 글을 쓰는 세일즈맨은 없다. 자기도 모르게 A와 같이 작성하게 된다. 이를 방지하고 고객이 이해하기 쉬운 글을 쓰려면 고객의 눈높이에서 고객의 언어로 작성해야 한다.

고객의 눈높이는 가능한 한 낮게 잡는 편이 좋다. 제품과 서비스마다 차이는 있겠지만 대략 중학생 수준 정도라고 생각하는 편이 좋다. 어떤 경우라도 고객의 수준을 세일즈맨 자신과 같다고는 절대 생각하지 마라. 지식의 저주에 쉽게 빠져 고객 입장에서는 이해하기 어려운 글이 나온다.

예를 들어, 글을 오른쪽에서 왼쪽으로 보는 게 익숙한 세일즈맨이 고객도 자신과 같다고 생각하고 글을 쓰면 A와 같은 글이 나온다(A는 '고객의 마음을 움직여라'를 거꾸로 쓴 글이다). 전문가의 포스를 보여줘야 하는 경우가 아니라면 중학생도 이해할 수 있는 글을 작성하자.

그렇다면 이해하기 쉬운 글은 어떤 글일까? 전달 메시지를 이해하는 데 에너지 소모가 적은 글이다. 뇌과학적으로 우리는 새로운 지식을 이해하기 위해서는 항상 익숙한 개념과 연결시켜야 한다. 고객 입장에서는 전달 메시지가 빠른 속도로 자신의 익숙한 개념과 연결될 때 이해가 잘된다고 느낀다. 에너지 소모가 적기 때문이다.

연결 속도는 연결 단계가 몇 단계인가에 따라 결정된다. 세일즈맨이 글을 통해 전달하고자 하는 메시지와 고객에게 익숙한 개념과의 연결에 필요한 단계가 적을수록 연결 속도는 빨라진다. 반대로 연결 단계가 많으면 속도는 떨어지게 된다.

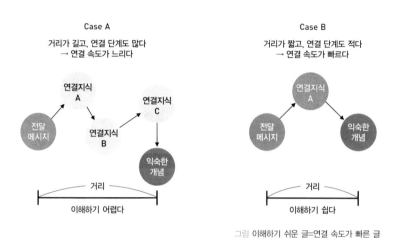

그림 이해하기 쉬운 글=연결 속도가 빠른 글

세일즈 글을 쓰다 보면 의외로 케이스 A가 발생하는 경우가 많다 (세일즈맨은 의식하지 못하는 경우가 대부분이다). 다시 말하지만 세일즈 글은 이해하기 쉬워야 한다는 것이 첫 번째 원칙이다. 케이스 B처럼 전달 메시지와 익숙한 개념 사이의 연결 단계가 적으면 연결 속도는 빨라진다. 어떻게? 가능한 고객의 언어로 작성하면 된다. 고객이 이미 알고 있는 개념을 활용하면 연결 단계는 줄어든다.

2. 연결의 고속도로를 놓는 길, 비유!
연결 속도를 가장 빠르게 하는 방법은 무엇일까? 여기에 대한 대답이 고객이 이해하기 가장 쉬운 글을 쓰는 방법이다. 가장 빠른 속도를 원한다면 연결 단계를 '0'으로 만들면 된다. 케이스 B에서 연결 지식 A가 없어지고 전달 메시지와 익숙한 개념이 서로 직접 연결되는 형태다. 중간 단계가 사라지는 만큼 연결 속도는 최대한 빨라지고 에너지 소모는 최소화되는 길이다. 이에 반비례하여 이해는 쉬워진다.

전달 메시지를 익숙한 개념과 직접 연결한다는 말을 도식화하면 '전달 메시지(A)=익숙한 개념(B)'이다. 이 방법이 무엇일까? 그렇다. 비유다. 어떤 대상(A)를 다른 대상(B)에 빗대어 설명하는 것을 비유라고 한다. 비유가 잘된 글일수록 이해하기 쉽다. 상대가 익숙한 개념과 직접 연결을 했기 때문이다.

어렸을 때 한 번쯤 읽어봤을 이솝 우화를 예로 들어보자. 이솝 우화의 메시지를 어렵게 느낀 사람은 거의 없다. 이제 막 글을 깨우친 어린 아이들도 내용을 쉽게 이해한다. 전달하고자 하는 메시지를 아이에게 익숙한 단어나 개념으로 비유해서 설명하고 있기 때문이다.

세일즈 글을 쓸 때, 특히 어려운 용어나 강조하고 싶은 문장에 비유를 활용하면 효과적이다. 비유는 고객이 당신의 글을 쉽게 이해하게 만든다. 우리 주변을 둘러보자. 곳곳에 비유를 활용한 글들로 가득 차 있다.

- 태블릿 노트북은 '키보드 달린 태블릿'입니다.
- '제2의 강남', ○○으로 오세요.
- 'KTX보다 100배' 빠른 소행성이 지구를 향해 날아온다.
- '축구장 네 배' 크기의 상가가 오픈됩니다.

비유의 기본 구조와 활용 사례는 다음과 같다.

보험의 중요성을 강조(A)하기 위해 보험을 '오랜 친구'라는 고객의 익숙한 개념과 연결시켰다. 그다음에 그렇게 연결한 이유를 제시했다. 이유가 그럴듯할수록 고객의 마음속에 '그렇지!'라는 생각과 함께 메시지 전달 효과는 극대화된다.

여기서 유의할 점이 있다. 주목 효과는 A와 B가 속한 범주 간의 거리가 멀수록 커진다는 점이다. 반대로 같은 범주이거나 범주 간의 거리가 가까울 수록 주목 효과는 줄어든다. 주목은 차이에서 나오고, 그차이는 비교 대상간 이질성(범주 간의 거리)이 클수록 커지기 때문이다.

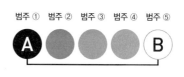

그림 범주 간 거리와 주목 효과

자동차의 중요성을 강조하고 싶어 다음 세 가지 형태로 비유해보았다. 어떤 것이 가장 주목 효과가 클까?

1. 자동차는 바퀴가 달린 구동 장치입니다.

비유 자체가 틀린 것은 아니지만 주목 효과는 약하다. 자동차와 구동 장치는 비슷한 범주에 있는 말로, 서로 간의 범주의 거리가 멀지 않다. 비유를 바꿔보자.

2. 자동차는 이동하는 집입니다.

1번보다 느낌이 강하게 오지 않는가? 자동차와 집은 서로 다른 범주의 말이기 때문이다. 서로 다름에서 오는 차이가 고객의 주목을 이끌어낸다. 그렇다면 이건 어떤가?

3. 자동차는 노래입니다.

우리들 대부분의 마음속에는 '집'보다는 '노래'가 자동차 범주보다 훨씬 먼 곳에 있다. 거리가 먼 만큼 이질성도 크다. 그 이질성이 고객이 문장을 읽을 때 물음표를 만들어준다. '뭐지? 왜 자동차를 뜬금없이 노래라고 하지?' 이렇게 고객에게 당신의 비유 표현을 '뜬금없다'고 생각하게 만들었다면 절반은 성공한 셈이다. 축하한다! 나머지 성공의 절반은 비유 이유에서 결정된다. 말도 안 된다고 생각했던 연결이 이유를 듣고 납득이 된다면 고객은 자신도 모르게 이렇게 생각한다. '그렇지!'

비유를 적극적으로 사용하자. 당신의 글을 고객이 잘 이해하게 만드는 지름길이다.

3. 마음이 가는 길의 시작, 이미지를 쉽게 떠올릴 수 있게!

우리 뇌는 외부의 정보를 문자가 아니라 이미지로 변환시켜 이해한다. 따라서 이미지가 쉽게 떠오르는 글은 이해하기가 쉽다. 반대로 이미지로 변환할 수 없는 생소한 글을 이해하기란 불가능하다. 다음은 무슨 말일까?

Здравствуйте, ᴸᴺᴶᴸᴬ·, สวัสดีครับ

모두 '안녕하세요'라는 의미로 각각 러시아어, 아랍어, 태국어이다. 이런 외국어들을 처음 접하는 경우라면 전혀 이해할 수 없다. 어떠한 이미지로도 변환할 수 없기 때문이다. 고객의 입장에서 당신의 글이 '외국어'인 것처럼 느껴진다면, 99퍼센트는 실패를 예약한 것과 다름 없다. 고객의 입장에서, 이해할 수 없는 글을 보고 마음이 가는 경우는 없다. 앞서 말한 비유는 이미지를 쉽게 만들어주는 효과적인 방법 중 하나이다.

구체적인 이미지가 그려지는 글일수록 고객의 마음을 얻기가 용이하다. 아래 문장을 비교해보자.

A. 맛있는 생크림 소보로빵을 팝니다!
B. 겉은 바삭바삭, 속은 말랑말랑, 입 안을 생크림으로 촉촉하게 적셔주는 소보로빵을 팝니다!

어떤 글에 훨씬 더 끌릴까? B다. 소보로빵의 이미지가 훨씬 더 잘 그려져 구매 욕구가 자극되기 때문이다.

스마트폰의 무게가 가볍다는 것을 표현한 문장도 비교해보자.

A. ○○스마트폰은 세계에서 가장 가벼운 무게감을 실현했습니다.

B. ○○스마트폰은 마치 스펀지처럼 가볍습니다. 어떤 고객님은
    뒷주머니에 두면 종종 그 존재를 잊어버리고 의자에 앉게 될
    정도라고 합니다.

비유까지 가미하여 글의 이미지를 더욱 구체적이고 선명하게 표
현했다. 눈에 선하고 손에 잡히는 언어를 사용할수록 이미지는 더욱
뚜렷해지고, 고객의 구매 욕구를 부추길 수 있다.

또한 글에 숫자를 넣으면 전달하고자 하는 이미지가 더욱 생생해
진다.

A. 고객이 많이 찾는 제품입니다.

B. 고객이 15초에 하나씩 찾는 제품입니다.

'15'라는 숫자 하나만 넣었을 뿐인데, 글에서 떠오르는 이미지의
생생함은 달라졌다.

차를 구입하시면 최고의 서비스를 받을 수 있습니다. (자동차)

→ 차를 구입하신 후 10년, 10만 마일까지 무상으로 서비스를 받
    을 수 있습니다.

○○을 마시면 숙취에서 빠르게 해방됩니다. (숙취음료)

→ ○○을 마시고 숙취에서 해방되는 데에는 두 시간이면 됩니다.

오랜 경험과 노하우를 바탕으로 최고의 이사 서비스를 제공하고 있습니다. (이사업체)

→ 10년 경력의 숙련된 이사전문가들이 이사 후 당신이 환하게 웃을 수 있도록 만들어드립니다.

4. 전달 주제에 반하는 표현은 사용하지 말자

뇌과학자나 소비자행동 전문가들은 인간 행동의 95퍼센트는 무의식적으로 일어난다고 한다. 이를 세일즈에 적용해보면 의식이 아닌 무의식이 식료품, 자동차, 금융, 보험 등 대부분의 제품이나 서비스를 선택하는 행동에 큰 영향을 미친다는 것이다.

글을 적을 때 고객의 무의식을 적절하게 자극해보자. 기대하는 것 이상의 효과를 볼 수 있다. 물론 무의식적으로 일어나는 일이니 고객은 알 수 없다.

학생들을 두 그룹으로 구분하여 그룹 내 한 학생에게 돈을 주고, 그 돈을 다른 학생과 얼마씩 나눌 것인지를 결정하게 하는 실험이 있다. 여기서 흥미로운 점은 무의식이 끼치는 영향력이다. 실험의 명칭에 따라 배분 금액이 달라졌다. 월스트리트Wall Street 게임이라고 안내를 받은 학생이 공동체community 게임으로 안내받은 학생보다 상대방에게 적은 금액을 나눠주었다. 실험의 나머지 조건이나 방법은 차이가 없었으므로 단지 명칭에 따라 행동이 달라진 것이다. '월스트리트' 또는 '공동체'라는 단어가 무의식에 영향을 미치고, 행동은 무의식에 따라 결정되었기 때문이다.

예를 들어, 고객의 합리적 소비를 촉진하고 싶다면 '가성비'를 무의식적으로 연상시킬 수 있는 단어나 표현을 사용해보자. '○○의 두 마리 치킨', '이 가격에 하나 더', '1인분의 가격으로 두 명이 배불리 먹을 수 있습니다'와 같은 식이다.

또한 전달 주제에 반하는 단어나 표현은 사용하지 말아야 한다. 특히 고객의 행동 변화를 목적으로 하는 세일즈 글을 작성할 때는 이 점이 더욱 중요해진다. 예를 들어, 고객의 빠른 결정이 필요한 글에서 '느림'을 무의식적으로 점화시키는 표현을 사용하면 어떤 일이 벌어질까? 무의식 연구의 대가 존 바그John Barg 교수의 실험이 여기에 대한 답을 제공한다.

실험 참가자들에게 글을 쓰는 과제를 주었다. 단, 글에는 주름 등 노인을 생각할 때 연상되는 단어가 들어가야 한다는 게 규칙이었다. 그것이 그들의 무의식을 점화시키는 장치였다. 이 실험의 진짜 목적은 실험 참가자들이 과제를 마친 후 그들이 복도 끝 엘리베이터까지 걸어가는 시간을 측정하고, 그 시간을 과제를 수행하지 않은 집단과 비교해보는 것이다. 그 결과, 실험 참가자들이 비교 집단 참가자들에 비해 엘리베이터까지 걸어가는 데 더 오랜 시간이 걸렸다고 한다. 노인을 통해 연상되는 단어를 통해 '느림'에 대한 그들의 무의식이 점화되었기 때문이다. 어느 병원에서 작성한 아래 홍보 글을 보자.

저희 ○○병원은 최고의 의료진이 365일 쉬지 않고 진료 서비스를 제공합니다. 환자의 빠른 건강 회복과 청결한 위생 관리가 저희가 추구하는 가치입니다. ○○나이트클럽 건물 2층에 위치한 ○○병원으로 언제든 부담없이 방문해주세요.

이 글에서 전달 주제와 무의식의 충돌을 야기하는 단어는 무엇일까? '○○나이트클럽'이다. 병원이 강조하는 주제인 '청결한 위생'과는 어울리지 않는 단어다. 자칫 나이트클럽의 비위생적 환경을 떠올릴 수 있기 때문이다.

그렇다면 어떻게 해야 전달 주제와 무의식의 충돌을 예방할 수 있을까? 방법은 의외로 간단한다. 부정적 연상을 불러올 수 있는 단어나 표현을 안 쓰면 된다. 위의 예에서는 '○○나이트클럽'이란 단어만 제거하면 된다. 물론 전달 주제에 긍정적 영향을 미치는 단어를 사용하면 더욱 좋다. 이런 식이다.

보건소 옆 건물 ○○병원으로 언제든 부담없이 방문해주세요.

의도적으로 감정(특히 공포)을 자극해야 할 경우가 아니라면 부정적 단어는 사용하지 않는 편이 좋다. 전달하려는 글의 의도와 상관없이 연상을 통해 고객은 부정적 감정을 느끼기 쉽기 때문이다.

부정적 단어가 포함된 표현	글쓴이의 전달 의도	연상을 통해 느끼는 부정적 감정
"비린내가 나지 않는 생선입니다."	(정말) 신선한 생선입니다	비린내 → '역겨움'
"잔고장이 나지 않습니다."	(정말) 튼튼한 제품입니다	잔고장 → '불안'
"오염되지 않은 청정 지역입니다."	(정말) 청정 지역입니다	오염 → '불쾌'

25장

구매를 유도하는 세일즈 글쓰기 4

고객의 행동을 유도하는 문구는 동사가 유리하다

고객이 당신의 글을 읽고 아무리 큰 흥미를 느꼈더라도 행동의 변화가 없다면 세일즈 관점에서는 실패한 글이다. 세일즈 글은 지식 전달이 아니라 행동의 변화가 주목적이기 때문이다. 따라서 세일즈 성과는 제품을 구매하든지 연락을 주든지 고객이 당신이 기대한 행동을 하는지의 여부에 달려 있다.

글을 읽고 고객이 알아서 행동해주길 바란다고? 너무 순진한 생각 아닐까? 고객은 당신이 개떡으로 말하면 (개떡으로 듣고) 개떡같이 행동하고, 찰떡으로 말하면 (찰떡으로 듣고) 찰떡같이 행동한다. 개떡을 말했는데 (찰떡으로 듣고) 찰떡같이 행동하는 경우는 없다. 혹시 있다면 그건 운일 뿐이다. 잊어버려라.

마무리는 행동의 유도로

'당신이 원하는 편익을 모두 제공합니다'라는 식으로 글이 끝나서는 곤란하다. 글을 읽은 다음에 고객이 해야 할 구체적 행동이 적혀 있어야 한다.

- "당신이 원하는 편익을 모두 제공합니다. 지금 당장 아래 버튼을 눌러 주문해주세요." (제품 구매 행동 유도)
- "당신이 원하는 편익을 모두 제공합니다. 경험해보고 싶다면 아래 메일로 연락해주세요." (연락 행동 유도)

행동을 유도하는 문구 콜투액션, Call-to-Action 는 명사보다 동사로 작성하는 것이 좋다. 동사의 역할 자체가 행동의 방향을 구체적으로 지시하는 것이기 때문이다.

- '주문'보다 '주문해주세요'
- '연락'보다 '연락해주세요'

콜투액션을 대상, 시간, 기회의 희소성과 결합하면 효과는 배가 된다.

대상 희소성 + 콜투액션

- "특별한 가격 할인은 이 메일을 받으신 분에 한하여 적용됩니다. 아래 연락처로 지금 연락 주세요."

- "선착순 50분에 한하여 1+1 쿠폰을 드리겠습니다. 아래 참여 버튼만 눌러주세요."

시간 희소성 + 콜투액션

- "이번 주말까지만 20퍼센트 할인 혜택을 드립니다. 매장에 꼭 방문해주세요."
- "내일 아침 아홉 시부터 오후 세 시까지 구매하시는 모든 제품은 금액에 관계없이 자동으로 10퍼센트 할인이 적용됩니다. 지금 할인 시간을 적어두세요."

기회 희소성 + 콜투액션

- "지금 주문하시면 10만 원을 아낄 수 있습니다. 바로 연락 주세요."
- "이번이 무료로 ○○까지 얻을 수 있는 마지막 기회입니다. 아래 연락처로 지금 연락 주세요."

다른 방법도 있다. 인간은 스스로 결정한 것은 행동으로 옮길 가능성이 높다는 점을 활용하여 고객에게 행동 결정의 선택권을 주는 것이다. 단, 선택 옵션은 두 개로 제한한다. 이를 '양자택일형 마무리 기법'이라고 한다.

- "두 가지 제품 중에 어느 쪽이 더 마음에 드시는지요? A인가요, 아니면 B인가요?" → A나 B 어느 쪽을 선택하든 구매 가능성

은 높아진다.

- "결제는 카드로 하시겠습니까, 현금으로 하시겠습니까?" → 카드
  나 현금 어느 쪽을 선택하든 결제로 이어질 가능성은 높아진다.

양자택일 마무리를 할 때 유의할 점이 있다. 고객에게 부정적 선택 옵션은 절대 주지 말아야 한다. 예를 들어, "지금 주문하시겠습니까, 아니면 조금 더 검토할 시간을 드릴까요?"라고 글을 적는 것은 효과가 없다. 옵션은 긍정과 긍정으로만 제공하자.

만약 고객의 선택을 한 가지로만 제한하고 싶다면, 두 번째 옵션을 고객이 손실로 여겨지게 표현하자. 손실 회피 욕구를 활용하는 것이다.

- "지금 주문하시겠습니까, 아니면 10퍼센트 할인 기회를 버리시겠습니까?"
- "연봉이 10퍼센트 오를 수 있는 기회를 잡으시겠습니까, 아니면 그냥 버리시겠습니까?"

고객이 시간과 자원을 투입하게 만드는 장치

어느 공공기관에서 미팅 요청을 이메일로 보내왔다. 이메일로는 직원 교육을 급하게, 그리고 대단위로 시킬 것처럼 보였다. 처음 연락을 받은 곳이라 약간은 미심쩍었지만 마침 사무실 근처에 있는 곳이라 방문했다. 담당자는 미팅 자리에서 자신이 속한 기관의 현재 상황 및 문제점을 토로하면서 어떤 교육 대안을 적용할 수 있는지 폭풍처럼 물어보았다. 요구하는 답변은 거의 컨설팅 수준이었다. 미팅 전에 전화로 이야기한 내용을 또 묻고 확인하기도 했다. 우리가 A 대안을 이야기하면 그 대안이 과연 실현 가능한지 걱정했고, B 대안을 제시하면 또 거기에 대해서도 자신의 조직이 과연 해낼 수 있는지 회의적으로 말했다. 간신히 한 가지 대안에 대해 합의하고 일주일 후 프레젠테이션과 추가 미팅도 진행했다. 결과는 어떻게 되었을까?

"다음에 연락드리겠습니다."라는 이메일 하나 달랑 보내고 연락이 없다. 이것은 어떨까 저것은 어떨까 걱정 많은 담당자의 질문들에 성심껏 답했지만 결과만 놓고 보면 세일즈는 실패였다. 어디서부터 잘못된 걸까?

'권한이 없으면 판매도 없다 No authority? No sale .'라는 세일즈 격언이 있다. 상품이나 서비스를 구매할 수 있는 결정권이 없는 사람을 대상으로는 세일즈 성과를 달성하기 어렵다는 말이다. 내가 실수한 부분도 여기에 있었다.

결정권이 없는 사람들은 대개 조직에서 지위가 낮은 사람들이다. 그들은 제안을 요구하고 잘못된 것을 찾아내거나 거절할 수 있는 권한은 있지만, 세일즈를 완료할 수 있는 권한은 없는 경우가 대부분이다. 문제는 그들이 뒤에 실질적인 결정권자가 있다는 사실을 잘 드러내지 않는 데에 있다. 마치 구매 결정권자인 것처럼 행동하고 자신의 요구사항을 만족시키면 세일즈가 완료될 것처럼 말한다.

여기에 현혹되면 안 된다. 그들에게 제안서나 상담 미팅은 필요한 것들을 무료로 배울 수 있는 좋은 기회이지만, 세일즈맨의 입장은 노력과 시간이란 귀중한 자원을 자칫 낭비하게 될 수 있기 때문이다.

그렇다면 처음 연락을 하는 고객에게 어떻게 대처해야 할까? 그 사람이 결정권자인지 직접 묻는 것은 의미가 없다. 앞서 말한 대로 자신이 결정할 수 있다는 식으로 이야기하거나 아니면 모호하게 얼버무리는 경우가 많기 때문이다. "구매가 결정되기 위해서는 추가로 설득해야 할 분이 있으신가요?"라고 물어보자. 누군가의 이름을 거명했다면, 다음번 미팅에 그 사람의 참석을 요청해야 한다.

만일 자신이 전적으로 결정할 수 있거나 상급자를 설득할 수 있다고 한다면 세일즈 절차는 일단 진행하자. 단, 고객이 발을 들여놓게 해야 한다. 다시 말해 고객이 시간과 자원을 투입하게 만들어야 한다는 뜻이다. 고객의 장소가 아닌 세일즈맨이 지정한 장소로 오게 한다든지, 제안서에 필요한 세부 자료 작성을 요청하는 식으로 말이다. 투자한 부분이 매몰비용 sunk cost 으로 작용하게 만드는 것이다. 매몰비용이 커질수록 당신의 제안을 거부하기 힘들어진다.

유의할 점이 있다. 상대에게 공짜 정보를 과도하게 주는 것은 경계해야 한다. 고마워하는 사람도 있고 당연한 것으로 여기는 사람도 있겠지만, 받은 정보의 양에 따라 구매로 이어지는 경우는 드물다. 정보를 수집하는 고객은 정보만 얻고 끝내는 경우가 대부분이다. 오히려 구매하기로 마음먹은 고객은 그다지 많은 정보를 요구하지 않는다. 구매 동기가 강하고 그 구매에 대해 결정권이 있다면 정보의 양에 관계없이 구매하는 법이다.

26장

가격 저항에 대응하는 세일즈 글쓰기

가격 저항을 고객 스스로
없애게 하는 시나리오

윤 대리는 어제 받은 신규 고객사의 담당자 송 차장의 이메일을 어떻게 처리해야 할지 고민이다. 제안서와 프레젠테이션을 검토한 결과, 다른 조건들은 모두 괜찮은데 가격이 좀 부담스럽다고 한다. 가격 할인이 가능한지 정중하게 문의하고 있지만, 요구를 들어주지 않으면 몇 달 동안 고생한 세일즈가 수포로 돌아갈까 염려된다. 특정 고객에만 가격을 할인해주는 것은 윤 대리 권한 밖의 일이기도 하고, 회사에서도 승인해주지 않을 듯하다. 이러지도 저러지도 못하는 사이 회신해야 할 시간은 점점 다가오는데…….

　고객(잠재고객 포함)의 가격 할인 요구에 대부분의 세일즈맨은 두려움을 느낀다. 자칫 잘못 대응하면 이익이 감소하거나 아니면 고객을 잃을 수도 있기 때문이다. 반면에 고객의 가장 큰 두려움은 세일즈맨에 의해 교묘히 조종당해서 혹시 남들보다 비싼 가격에 구매할지도 모른다는 두려움이다. 정말로 필요한 제품이고, 그것을 구매해야 한다는 걸 알면서도 말이다. 이 두려움에서 가격 저항이 생기며 가격 협상을 요구하곤 한다.

세일즈맨이 원하든 원하지 않든 가격 저항은 세일즈에서는 자연스러운 현상이다. 고객의 가격 저항에 어떻게 대응하는 것이 효과적일까? 가격 저항에 대응하는 데 효과가 높은 다섯 가지 방법에 대해서 알아보도록 하자.

1. 고객 혜택에 초점 맞추기
2. 가격 할인 거부하기
3. 가격을 쪼갠 비용으로 제시하기
4. 심적 회계 활용하기
5. 가격 기준점 설정하기

고객 혜택에 초점 맞추기

온라인 쇼핑몰에서 A 볼펜은 1000원에, B 볼펜은 1100원에 판매하고 있다고 가정해보자. 배송이나 기타 조건이 동일하다면 당신은 어느 볼펜을 구입하겠는가? 당연히 A 볼펜일 것이다. 가장 저렴한 제품을 구매하는 것이 상식적인 것처럼 보인다.

그런데 여기에는 한 가지 중요한 사실이 전제되어 있다. 오직 가격만으로 구매를 결정하는 경우는 비교 제품들 모두가 동일한 가치를 지니고 있을 때뿐이다. 다시 말해 A와 B에 대해 느끼는 가치가 완전히 같을 경우에만 가격이 결정적 요인으로 작용해서 A를 구매한다는 말이다. 이렇게 가격으로만 결정하는 경우는 사실 드물다. 구매를 결정하는 것은 가격이 아니라 가치이기 때문이다.

가격과 가치는 같은 말이 아니다. 세계적 투자전문가 워런 버핏 Warren Buffett 은 "가격은 고객이 지불하는 돈, 가치는 고객이 얻는 것 Price is what you pay, value is what you get"이란 말로 가격과 가치의 개념 차이를 명확히 했다.

가격은 단지 판매자가 원가에서 일정 마진을 덧붙여 산정한 객관적 금액일 뿐이다. 고객이 느끼는 주관적 가치가 구매를 결정한다.

서울대 윤석철 명예교수는 고객이 제품을 구매하는 기준을 제품 가치와 가격의 차이라고 설명한다(그림 '기업 생존부등식과 가치' 참고). 즉, 고객은 제품의 가격에 비해 인식하는 가치가 높다면 그 제품을 구매하고 반대의 경우라면 구매하지 않는다. 이때 제품의 가치와 가격의 차이가 '고객 혜택'이다. 참고로 판매자 혜택은 제품의 원가와 제품의 가격과의 차이다.

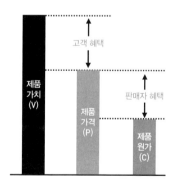

그림 기업 생존부등식과 가치

고객이 제품을 통해 얻을 수 있는 혜택이 크다고 느낄수록 제품의 가치와 가격의 격차는 커지고 가격 저항은 줄어든다. 반면에 구매 결정은 쉬워진다. 가격 저항과 구매 결정의 관계는 마치 시소와 같다.

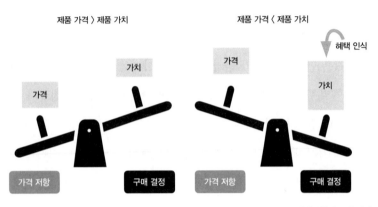

그림 가격 저항과 구매 결정

고객에게 구매 결정을 하게 하려면 두 가지 방법이 있다. 제품 가격을 떨어뜨리거나 제품 가치를 높이는 것이다. 위의 볼펜 사례처럼 차별화된 가치를 제공할 방법이 없다면 가격으로 경쟁할 수밖에 없지만, 이는 자칫 제 살 깎아 먹기가 될 수 있다. 가격으로 승부하는 시장은 대체로 아주 작은 이익을 가지고 경쟁하는 레드 오션이기 때문이다.

제품 가격을 변경하거나 대폭 낮추는 것은 쉽지 않지만 제품의 가치를 바꾸는 것은 가능하다. 고객이 얻을 수 있는 혜택을 인식시키는, 즉 가치를 제안하는 것이다. 이는 사실 세일즈의 본질이기도 하다. 세일즈란 한마디로 제품이나 서비스가 요구하는 가격보다 더 큰 가치가 있다는 점을 고객에게 설득하는 과정이다. 이런 가치 제안은 가격이 아니라 고객이 받는 비가격적 요소에 초점을 맞추어야 한다.

고객이 오직 가격 요소만 강조하여 할인을 요구한다면 매력적인 가격 외에 다른 차별화된 가치 제안을 하지 못했기 때문이다. 가치 제안이란 고객이 제품을 소유할 때 얻을 수 있는 이익을 구체적으로 설명하는 것이다. 고객이 기대하는 대표적 이익으로는 '수익성 향상', '생산성 향상', '비용 절감', '경쟁력 강화'가 있다. 가치 제안에는 이들 중 하나 이상이 포함되어야 한다. 단, 유의할 점이 있다. 다른 경쟁사와 차별화된 가치를 제공해야 한다. 가치가 차별화되지 않으면 가격이 차별화되는 수밖에 없다! 예를 들어, 가격 할인을 요구하는 고객에게 다음과 같이 가치 제안을 해보자.

수익성 향상

• "저희 제품을 이용하고 있는 다른 병원의 사례로 보면 제안해드린 ○○의료기기를 통해 병원을 찾는 환자수가 크게 늘어날 것으로 예상됩니다. 가격은 5퍼센트 정도 높지만 저렴한 타사 제품보다 높은 검진 정확성과 빠른 결과 확인을 통해 의사와 환자 모두를 만족시켜 연간 평균 10퍼센트 내외 수익률 상승을 달성하실 수 있습니다."

생산성 향상

• "저희가 제안해드린 ○○을 통해 생산 단가는 10퍼센트 이상 낮추고, 생산 물량은 10퍼센트 이상 더 증가시킬 수 있습니다. 이러한 생산성 향상을 통해 귀사의 이익이 증대되고 비전 실현

이 빨라지도록 양질의 제품을 공급하겠습니다."

비용 절감

- "저희 회사의 고객 빅데이터 분석 플랫폼을 구축하시면 고객 분석 및 관리 시간이 단축됩니다. 이를 비용으로 환산하면 매년 5000만 원을 절약하는 효과가 있습니다. 초기 플랫폼 구축 비용 2억 원이 조금 높아 보이지만 4년이면 회수가 가능합니다. 초기 투자비용의 빠른 회수가 타사가 가지고 있지 않은 저희 플랫폼의 장점 중 하나입니다."

경쟁력 강화

- "저희가 제공하는 교육프로그램과 전문가 코칭을 통해 귀사의 제안 수주 경쟁률을 업계 최고 수준까지 올리겠습니다. 최고의 강의진과 소수 인원 중심의 운영으로 교육비는 조금 높지만 수주율로 표현되는 귀사의 경쟁력이 10퍼센트 이상 올라간다는 점을 감안하면 투자 대비 효과가 탁월합니다."

가치 제안을 통해 고객이 자신의 돈보다 당신의 제품이 더 가치가 있다고 믿는다면 가격에 대한 거부감은 줄어들게 된다.

가격 할인 거부하기

가치 제안에 자신이 있다면 가격을 할인하느니 차라리 판매하지 않겠다는 태도를 보이는 것도 역설적이긴 하지만 세일즈에 도움이 된다. 상대가 세일즈맨이 제시한 가치에 대해 충분히 인정하고 있다면 말이다. 물론 이 방법이 항상 성공한다는 보장은 없지만 성공률은 의외로 높다. 이는 인지적 효율성을 추구하는 우리 뇌의 작동 원리(플랫폼 지식 2)와 관련이 있다.

우리 뇌는 의사결정을 할 때 대부분은 이것저것 심사숙고해서 결정하는 것이 아니라 정확하진 않지만 빠른 의사결정 방식을 택한다. 에너지를 적게 사용하는 것이 의사결정의 지름길이기 때문이다.

세일즈맨들의 구루로 불리는 설득의 대가 로버트 치알디니 교수는 어느 보석 가게의 터키옥 판매 사례를 통해 우리가 얼마나 의사결정의 지름길에 쉽게 빠지는지 보여주었다. 사례 속 가게의 터키옥은 품질에 비해 가격은 저렴했지만 판매가 부진했다. 그런데 어느 날 갑자기 고객의 관심이 폭발하기 시작해 3일 만에 모두 팔렸다고 한다. 이유가 무엇이었을까?

판매 급증의 이유는 놀랍게도 주인의 지시를 잘못 알고 터키옥을 기존보다 두 배나 비싼 가격으로 판매한 직원의 실수에 있었다. 잘못 책정된 비싼 가격을 본 고객들이 그렇게 비싼 터키옥이라면 당연히 품질이 좋을 것이라 생각하고 구매를 서두른 것이다.

'제품의 품질이 좋으면 가격은 비싸다'란 말은 옳다. 그런데 제품의 품질이 좋은지 그렇지 않은지 판단하기 위해서 소비자는 심사숙고해야 한다. 에너지를 많이 소비하는 과정으로, 우리 뇌의 작동 원리에 반한다. 따라서 특별히 주의를 줄 필요가 없다면 뇌는 쉽고 편한 판단의 지름길을 이용한다. '비싼 것=품질 좋은 것'이라는 고정관념을 가지고 대충 판단해버리는 것이다. 고정관념은 무의식적이고 자동적으로 떠오르는 생각이니 에너지 소모도 적다. 편한 길이고 지름길이다. 터키옥이 낮은 가격일 때보다 높은 가격일 때 많이 팔린 이유다.

처음에 제안한 가격을 고수하면 고객의 입장에서는 저렇게 행동하는 데는 이유가 있을 것이라 생각하게 된다. 그 이유를 자신의 의사결정 지름길에 올려놓은 뒤에 제품의 품질이 좋기 때문이라고 지레짐작한다. 가격 저항을 고객 스스로 없애는 것이다. 최고의 시나리오다. 물론 제품의 품질이 가격에 비해 현저히 떨어진다면 고객이 사기라고 여기고 협상 테이블뿐만 아니라 당신에게서 완전히 떠날 수도 있다.

가격 할인 거부하기를 언제든 자신 있게 실행하기 위해서는 두 가지 조건이 충족되어야 한다.

먼저, 판매하는 상품이 차별화된 품질이나 판매 조건을 가지고 있어야 한다. 이것이 없다면 고객은 세일즈 종료 후라도 변심해서 환불을 요청하거나 안티 고객이 될 가능성이 높다. 작은 것을 탐하다 큰 것을 잃어버리는 꼴이다. 소탐대실小貪大失이 된다.

또한 믿을 만한 다른 고객들이 여럿 있어야 한다. 가격 할인을 요구하는 고객이 세일즈맨의 유일한 고객이라면 협상의 칼자루는 상대가 가지고 있기 때문이다. 대안 고객이 많을수록 세일즈맨이 칼자루를 지게 되고 가격 할인을 거부할 수 있는 자신감은 커지게 된다.

가격을 쪼갠 비용으로 제시하기

가격과 비용은 다른 말이다. 가격은 처음 제품을 구매할 때 고객이 지불하는 금액이지만 비용은 그 제품의 사용 기간에 걸쳐 소요되는 금액을 말한다. 가격에 부담을 느끼는 고객에게는 가격 대신 비용을 제시하는 방법이 효과가 있다. 단, 총비용이 아니라 총비용을 임의의 사용 기간으로 쪼갠 비용을 제시한다.

가격이 1200만 원 정도 되는 제품을 세일즈하고 있다고 가정해 보자. 당신이 접촉하는 고객은 이 제품이 마음에 든다면서도 할인을 요청한다. 어떻게 해야 할까? 이 경우 유용한 방법이 가격을 사용 기간으로 쪼갠 비용으로 보여주는 것이다. 사용 기간을 하루나 한 주 또는 한 달 단위로 나누는 것은 세일즈맨 마음이다. 예를 들어 이런 식이다.

고객님, 이 제품은 10년 동안 사용이 가능한 제품입니다. 10년 동안 고객님이 내시는 총비용이 1200만 원이란 의미입니다. 매월 10만 원, 하루로 보면 3000원 조금 더 부담하시는 셈입니다. 커피 한 잔 값 정도입니다. 커피 한 잔만 추가하는 비용으로 고객님과 직원분들이 지금보다 더 쉽게, 더 정확하게 더 많은 일을 하실 수 있습니다.

간단한 수학적 논리와 이미지를 결합해 보여주면 효과가 더욱 크다.

① 가격 = 1200만 원
② 사용 기간 = 10년, 120개월

월 사용 비용(①+②) = 10만 원
하루 사용 비용 = 3333원
          ≒ 아메리카노

더 쉽게! 더 정확하게!
더 많이!

그림 매일 커피 한 잔 가격으로

값이 비싼 제품을 세일즈하고 있다면 이렇게 가격을 비용으로 나눠서 설명해보자. 고객이 인지하는 가격에 대한 주관적 느낌을 바꿀수 있다. 세일즈맨이 변화시켜야 하는 것은 가격 그 자체가 아니라 가격에 대한 고객의 느낌이라는 점에 유의해야 한다.

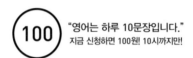

그림 어느 영어 학원의 가격 쪼개기

이 방법을 사용한 광고 문구는 인터넷에서 쉽게 볼 수 있다.

- 재미있게 배우는 ○○○영어, 하루 100원으로 당신의 인생이 바뀐다! (영어회화 사이트 광고)
- 하루 1000원이면 나도 이제 헬스장에서 시원하게 운동할 수 있다. (헬스장 광고)
- 한 달 1만 원이면 아시아와 아프리카 아이들을 초등학교에 보낼 수 있습니다. (비영리단체 공익광고)

심적 회계 활용하기

이 과장은 마트에 갔다. 삼겹살 100그램당 가격이 지난주보다 500원 정도 올라 있었다. 가족이 한 끼로 먹는 1킬로그램 기준으로는 5000원이 오른 셈이다. 구입하면 한 주 식료품 예산을 초과하게 된다. 잠시 고민하다 그냥 지나쳤다. 이때 둘째 아이가 서적 코너에서

책 한 권을 가져와 사달라고 조른다. 책 값은 1만 원으로 적혀 있었다. 아내는 삼겹살은 사지 않고 책은 충동적으로 구매한다며 투덜거렸다. 한 번 읽고 버리는 만화책이었지만 함께 계산하기로 했다.

이 과장이 물건을 구매할 때 왜 삼겹살은 안 되고 책은 되었던 것일까? 예산은 이유가 될 수 없다. 삼겹살을 사면 5000원이 초과하지만 책은 1만 원이 초과되기 때문이다. 같은 돈이지만 이 과장의 마음속 서로 다른 심리적 계좌에서 인출되기 때문이다.《넛지》의 저자로 유명한 행동경제학의 거장 리처드 탈러Richard H. Thaler 교수는 이러한 현상을 심적 회계mental accounting 로 설명한다. 심적 회계란 마음속에 심리적 계좌를 만들어 돈의 지출과 수입을 구분하여 사용하는 것을 말한다.

이 과장에게 삼겹살은 식료품비라는 심리적 계좌에 속해 있었다. 계좌에 잔고가 없으면 인출할 수 없듯이, 식료품비 예산을 초과한 삼겹살도 구매하지 않았던 것이다(이 과장이 이성적이고 합리적 구매자라고 가정하자). 반면에 책은 이 과장의 마음속에는 식료품비와 다른 계좌, 교육비 계좌에 속한 항목이었다. 당연히 식료품비 예산에 영향을 받지 않았고 상대적으로 쉽게 구매를 결정할 수 있었다. 같은 돈이지만 마음속 어떤 계좌에서 인출하느냐가 구매 결정에 상당한 영향을 미친다.

심적 회계를 세일즈에 활용할 때 유의해야 할 점이 두 가지가 있다. 첫 번째는 심리적 계좌에서 돈을 인출하는 기준은 제각각 다르다는 점이다. 이 과장의 경우 식료품을 살 때는 가격을 가장 중요하게 생각한다. 가격이 식료품비 계좌의 핵심 인출 기준이라는 말이다. 같은 식료품이면 가격이 저렴한 것을 찾는다. 만약 지난주와 비교해서 가격이 올랐으면 제품을 구매하지 않는 편이다. 제품을 비싸게 구매했다고 생각하기 때문이다. 예산 초과 외에 삼겹살을 구매하지 않는 또 다른 이유다. 반면에 교육비 계좌에서 가장 중요한 인출 조건은 유익함이다. 가격도 인출 조건이긴 하지만 유익함에 비해 우선순위는 떨어진다. 책의 가격은 다소 비싸더라도 기꺼이 지갑을 연 까닭도 유익함을 느꼈기 때문이다.

가격 저항을 줄이고 싶다면 이 점을 잘 활용해야 한다. 가격이 가장 높은 구매 결정 기준인 심리적 계좌에 자신이 판매하고자 하는 제품이 속하면 곤란하다. 이 과장의 삼겹살처럼 비싸면 안 사고 싸면 사는 것처럼 가격에 절대적으로 휘둘리게 된다. 가격이 아닌 다른 것으로 설득할 수 있는 새로운 심리적 계좌로 세일즈 제품을 이동시켜야 한다.

두 번째는 심리적 계좌의 잔고는 가치를 얼마나 부여하느냐에 달려 있다는 점이다. 가치를 많이 부여한 심리적 계좌의 잔고는 많아지고 반대라면 적어진다. 교육에 가치를 많이 부여하는 사람은 교육비 지출은 상대적으로 쉽게 결정할 수 있다. 계좌에 돈이 많으니 구매 결정도 쉬운 법이다.

점심은 값싼 음식으로 대충 먹으면서 카페에서 비싼 커피를 마시는 사람이 있다. 편의상 A라고 하자. A의 마음속에 점심은 식비 계좌에 속한 것이지만 커피는 기호식품비 계좌에 해당한다. 서로 다른 계좌다. A는 쾌적한 카페에서 커피 한잔 마시며 동료와 얘기를 나누는 시간이 하루 중 가장 즐겁고 행복한 시간이라 여긴다. 반면에 점심은 최대한 덜 붐비고 저렴하기만 하면 나머지는 상관하지 않는 편이다.

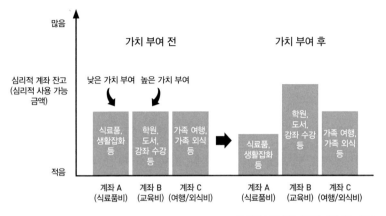

그림 가치 부여 전후 심리적 계좌 잔고 비교

A에게 커피에 쓰는 돈의 가치는 점심식사에 쓰는 것보다 높다. 커피가 포함된 계좌의 잔고가 많고 따라서 돈을 쓸 여유도 많다는 의미다. A가 커피값 지불에 관대한 이유다.

느끼는 가치에 따라 심리적 계좌의 잔고가 달라지고, 잔고의 양에 따라 가격 저항은 줄어들기도 하고 늘어나기도 한다. 세일즈 제품에 대한 고객의 심리적 계좌를 바꿔야 한다면 고객이 가치를 높게 두고 있는 계좌로 바꾸는 것이 효과적이다.

예를 들어, 가격 할인을 요구하는 자동차 구매 고객이 '가족 여행'에 가치를 두고 있다면 자동차의 심리적 계좌를 차량 구매비에서 가족 여행비로 이동시키는 것이다. 다음과 같이 말이다.

- "○○차의 2열 공간은 오토 캠핑을 할 때 아이들이 구르며 놀 수 있을 정도로 동급 중에서 가장 넓습니다. 운전 중에는 '뒷좌

석 대화 모드'를 통해 소음의 방해를 받지 않고 서로 숨소리를 느끼면서 대화에 더욱 몰입할 수 있습니다. ○○차는 가족의 유대를 강화하고 행복을 느낄 수 있게 만드는 최고의 여행 수단입니다."

가족 여행에 높은 가치를 두고 있다면 그 고객의 마음속 가족 여행비 계좌 잔고도 상대적으로 높다. 자동차를 차량 구매비 계좌에서 가족 여행비 계좌로 이동시킨다면 고객의 가격 저항도 줄어든다.

인지하는 가치에 따라 심리적 가격은 달라진다. 편의점에서 파는 생수의 가격은 1000원이지만, 목이 마르지 않은 사람에게는 100원의 가치도 없다. 심리적 가격은 100원도 되지 않는다는 말이다. 반면 며칠 동안 물을 마시지 못한 사람에게는 1억 원 이상의 심리적 가격의 제품이 될 수도 있다.

이렇게 인지된 가치가 가격을 결정한다. 고객이 중요하게 여기는 영역에 제품을 위치시켜야 하는 까닭이다. 고객은 해당 제품이 가치 있다고 여길수록 가격에 대한 민감도는 떨어지고 가격 저항도 약해진다. 세일즈맨이라면 누구라도 원하는 세일즈 모습이다.

가격 기준점 설정하기

카메라를 구매하러 매장에 왔다. 판매 직원이 A와 B 두 제품을 보여준다. 어느 것을 구매할 것인가? 결정하기 쉽지 않을 것이다. A는 품질이, B는 가격이 더 좋기 때문이다. 그런데 고민하는 당신을 지켜보던 판매 직원이 슬며시 다른 제품 C을 하나 꺼내면서 이렇게 말을

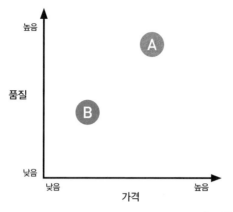

그림 어느 것을 구매할 것인가? ①

한다. "이 제품은 A보다 가격은 높지만 품질은 낮은 제품입니다." 그리고 A 옆에 C를 놓아둔다. 이번에는 어떨까? 이 경우 거의 대부분은 A를 사겠다고 말한다. 아마 당신도 그럴 것이다.

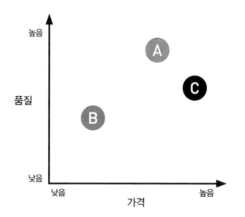

그림 어느 것을 구매할 것인가? ②

판매 직원이 C 하나만 추가했을 뿐인데 A로 구매결정이 쉽게 이루어진 이유가 무엇일까? C가 A의 가격 기준점 역할을 해주었기 때문이다. A는 B와 비교할 때는 품질만 우수(가격은 열등)한 제품이었는데 C와 비교하니 가격도 좋은 제품으로 인식의 변화가 생긴 것이다. 품질 대비 가격, 즉 가성비가 좋은 제품으로 인식된다. 반면에 B는 C 가 추가되었다고 달라지는 것이 없다. C 기준으로도 B는 여전히 품질은 열등하고 가격은 좋은 상태 그대로다.

사례의 A처럼 가격 기준점을 설정하여 가성비가 좋은 제품으로 인식되면 가격 저항은 없어지거나 최소 수준으로 떨어진다. 가격 기준점을 설정하는 방법은 간단하다. 아래 그림처럼 세일즈 제품(A)보다 가격은 비싸지만 품질은 떨어지는 제품(B) 하나를 불러와 세일즈 제품과 비교되게 하면 끝이다. B는 고객이 세일즈 제품이 비싼지 싼지 판단할 때 앵커링 제품으로 비교 기준이 된다.

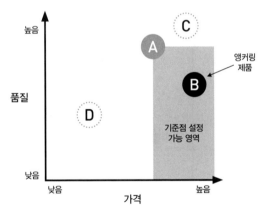

그림 A 제품 가격 기준점 설정 가능 영역

여기서 유의할 점이 있다. 가격 기준점 역할을 하는 앵커링 제품은 세일즈하는 제품보다 가격은 높고 품질은 낮은 영역에 위치시켜야 한다. 그림에서 음영으로 칠해진 부분이다. 물론 A보다 가격은 비싸고 품질은 좋은 제품(C)이나 반대로 가격은 싸지만 품질은 떨어지는 제품(D)도 있다. 하지만 A에 대한 가격 저항을 줄이기 위해서는 A가 가격과 품질 양쪽 모두 우위가 있는 것처럼 보일 수 있는 영역에 앵커링 제품을 포지셔닝해야 한다.

다음 단계로 세일즈 제품을 가격 기준점인 앵커링 제품과 비교해 설명한다. 지금 제시하는 제품이 앵커링 제품의 가격보다 더 저렴한 데 비해 품질은 그것 이상이라는 점을 강조하라. 이 과정을 통해 당신의 제품은 더 가치 있어 보이고 가격은 상대적으로 낮은 것으로 인식되게 된다. 가격 저항이 발생할 가능성은 최소화된다는 말이다.

고객에게 가격 할인을 요구받았을 때도 가격 기준점 설정을 활용해보자. 앵커링 제품과 비교를 통해 가격 할인 요구를 없애거나 최소 수준으로 만드는 것이다. 먼저 기준점 설정에 필요한 앵커링 제품을 선정한다. 세일즈 제품과 비교할 수 있는 다른 유사 제품들 중에서 가격이 비싼 것을 앵커링 제품으로 활용하자. 이때는 품질은 비교해 보여줄 필요가 없다. 가격이 유일한 비교 요인이다. 팔고자 하는 제품을 고객이 좀 더 비싼 제품과 비교하도록 하는 것이 목적이기 때문이다. 이때 앵커링 제품을 가능한 많이 제시할수록 가격 기준점이 고객의 마음속에 무의식적으로 단단하게 자리 잡게 된다.

고객의 가격 할인 요구에 이렇게 답해보자. 그래프를 활용하여 비교하여 보여주면 더욱 효과가 있다.

"△△ 시장에서 프리미엄 제품으로 인정받고 있는 제품들은 어떤 것들이 있을까요? (말로 세일즈하는 경우라면 이 질문 후 고객이 잠깐이라도 생각할 시간을 주자. 앵커링에 더욱 효과적이다!) 고객님도 잘 아시는 독일 ○○사의 B와 일본에서 생산되는 C, 그리고 A입니다. 특히 A는 다른 프리미엄 제품들과 비교하여 가격 대비 성능이 탁월하다는 것이 전문가들과 구매하신 고객님들의 평가입니다.

그래프에서 나타나 있듯이 저희 회사 제품 A는 △△ 시장에서 B와 C와 함께 프리미엄 제품군을 형성하고 있습니다. 동급 최고가인 독일 B 제품과 비교하면 1000만 원, 일본 C 제품과 비교해도 700만 원 정도 낮은 가격입니다. 반면에 제품 품질은 두 제품에 결코 뒤지지 않습니다. 이는 A를 구매하면 프리미엄 제품을 최소 700만 원에서 최대 1000만 원 정도 할인된 가격에 가져가신다는 것을 의미합니다."

프리미엄 제품을 먼저 보여주어 고객이 그 제품의 이미지와 가격을 먼저 떠올리게 하는 것이 중요하다. 그 제품이 앵커링 제품이 되어 당신이 팔려고 하는 제품을 상대적으로 저렴하게 느끼게 만들어 준다. 고객이 당신의 설득에 동의할 가능성을 높여주는 것이다. 물론 설득에 실패할 수도 있다. 하지만 시도해서 손해 볼 일은 없지 않은가? 최소한 당신 제품의 홍보 효과는 볼 수 있을 테니 말이다.

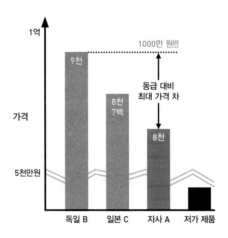

그림 △△ 시장 프리미엄 제품 비교

가격을 고객이 정하게 하면 어떤 일이 생길까?

제품이나 서비스의 가격을 정하기는 참 쉽지 않다. 고객이 줄어들지 모른다는 두려움에 가격을 높게 책정하기 힘들다. 그렇다고 반대로 가격을 낮춰 부르는 것도 답이 아니다. 막상 낮게 부른 가격에 고객이 망설임 없이 주문을 한다면 왜 가격을 좀 더 높게 매기지 못했을까 후회를 할 것이다.

이렇게 두려움과 후회 어느 쪽이든 빠질 수밖에 없다면 가격을 아예 고객이 정하게 하는 것은 어떨까? 말이 안 된다고? 글쎄.

실제로 영국의 유명한 밴드 라디오헤드 Radiohead 는 그들의 2007년 새 앨범 음악 파일을 판매할 때 이 방식을 적용했다. 고객들은 공식 홈페이지에서 원하는 파일을 직접 다운로드할 수 있었다. 파일 가격은 고객이 자유롭게 결정했다. 수십 달러를 내든 한 푼도 내지 않고 공짜로 가져가든 상관없었다. 완전히 고객 마음이었다. 라디오헤드 음원 고객들은 어떻게 구매했을까? 전부 공짜로? 의외의 결과가 나왔다. 구입자의 약 40퍼센트 정도가 평균 2.26달러를 내고 유료로 다운로드했다고 한다.

국내에서도 이와 유사한 사례가 있다. 2013년 3월 29일부터 4월 28일까지 밴드 '장기하와 얼굴들'은 신곡 '좋다 말았네' 음원을 고객이 자유롭게 다운로드할 수 있게 했다. 가격은 라디오헤드와 같이 고객이 직접 정했다. 결과는 어땠을까? 전체의 58퍼센트가 유료 결제를 했고, 평균 다운로드 음원값은 976원으로 집계됐다. 고객이 가격을 매겨 손해를 보기는커녕 당시 디지털 음원이 1곡당 600원 정도 하던 것과 비교하면 비교적 높은 가격으로 음원을 판매한 셈이다.

공짜로 가져갈 수도 있었는데 사람들은 왜 굳이 돈을 내고 다운로드한 것일까? 이익 추구라는 경제적 원리로는 설명이 되지 않는다. 공정한 자기 이미지를 유지하고 싶다는 심리적 욕구가 작용한 탓이다. 이 욕구를 활용하면 세일즈 실적을 높일 수 있다.

캘리포니아대학교 유리 그니지 Uri Gneezy 교수의 실험 결과를 보자. 먼저 연구팀은 관광지에서 사람들의 사진을 촬영하고 사람들에게 사진 구매 의향을 물었다. 사진 값은 다음 세 가지 가격으로 설정했다.

- 15달러
- 5달러
- 본인이 원하는 금액

세 경우 모두 원래 가격이 15달러라는 사실은 알려주었다. 가격이 마음에 들지 않아 사진을 사지 않는 것도 가능했다. 가장 많은 매출을 올린 것은 어느 때일까?

가장 많은 사람이 구매한 경우는 사진 가격을 5달러로 책정했을 때였다. 15달러일 때는 23퍼센트, 5달러일 때는 64퍼센트의 사람이 구매했다. 흥미로운 점은 가격을 자유롭게 정하게 한 경우에도 55퍼센트가 사진을 유료로 구매했다는 점이다. 그것도 평균 6.4달러를 내고 말이다. 그리고 이 경우가 가장 많은 매출을 달성했다.

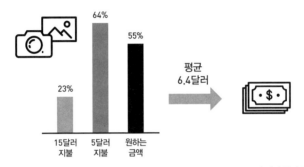

물론 고객이 가격을 정하는 전략이 항상 효과적이란 말은 아니다. 세일즈 제품 및 서비스 유형, 고객 상황 등 고려해야 할 요소들이 많다. 또한 이 전략은 고객이 참고할 다른 기준 가격을 쉽게 떠올릴 수 있을 때 보다 효과를 발휘할 수 있다. 위의 사진 판매 사례에서는 15달러가 기준 가격 역할을 한 셈이다.

27장

고객 성별에 따른 세일즈 글쓰기

여성 고객들에게 유난히
입소문 마케팅이 통하는 이유

제임스 맨골드 James Mangold 감독의 영화 〈포드 V 페라리〉를 아내와 함께 보았다. 감동과 재미가 있었다. "차는 역시 엔진과 속도지!" 아내도 영화에 만족한 눈치다. 이때다 싶어 슬쩍 미뤄두었던 말을 건넸다. "여보, 며칠 전 자동차 대리점에서 연락이 왔는데 이번에 신형 SUV가 출시될 계획이래. 근데 정말 대단한 차인 것 같아. 소형인데도 엔진이 250마력이나 된다고 해. 특히 출발하고 시속 100킬로까지 도달하는 데 6초밖에 안 걸리는 정말 빠른 차야. 당신 생각은 어때?" 그런데 돌아온 아내의 말은 "그래서 뭐?" 무덤덤하다. 나름 긍정적 반응을 기대했는데. 무엇이 잘못된 걸까?

　당신이 자동차 세일즈 담당자고, 여성들을 상대로 위와 같이 글을 썼다면 호의적인 반응을 이끌어낼 가능성은 낮다. 남성들에게 통하는 세일즈 방식이 여성들에게는 정반대의 결과를 가져올 수 있다. 성별 차이 때문이다. 이러한 성별 차이를 만드는 대표적인 물질이 호르몬이다. 특히 테스토스테론으로 대표되는 남성 호르몬과 에스트로겐으로 대표되는 여성 호르몬은 남성과 여성의 행동에 많은 영향을 미친다. 사실 남성 호르몬과 여성 호르몬이라는 말은 정확한 표현은 아니다. 남성도 에스트로겐을, 여성도 테스토스테론을 가지고 있기 때문이다. 다만 호르몬 농도에 있어 차이가 있을 뿐이다.

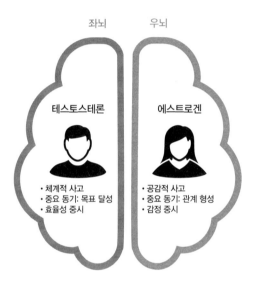

남성들에게 가장 큰 동기 중 하나는 목표 달성을 통해 성취감을 맛보는 것이다. 테스토스테론은 목표 달성에 공격적으로 집중하게 만드는 호르몬이다. 또한 좌뇌의 분석 기능을 떨어뜨려 목표 달성을 낙관적으로 바라보게 한다. 효율성을 중시하므로 외부 세계의 정보들을 단순화시켜 체계적이고 신속하게 처리하는 것을 선호한다.

에스트로겐은 부드러움과 온화함을 책임지는 전형적인 여성 호르몬이다. '관용 호르몬'으로 불린다. 우뇌에서 강하게 활성화되는 에스트로겐의 작용으로 여성들은 감정 공유와 의사 소통에 능하다. 사람이나 사물과의 관계가 이들을 움직이는 주요 동기다.

그런데 반드시 유의해야 할 점이 있다. 위의 성별 차이는 평균적으로 그렇다는 의미다. 개개인으로 보면 남성 같은 여성도 있고, 여성 같은 남성도 있다. 호르몬 외에도 살아온 환경, 주변의 기대와 교육 등 남성상이나 여성상을 만드는 변수는 다양하다. 따라서 '남성상을 가진 사람'과 '여성상을 가진 사람'으로 구분하는 것이 보다 정확한 표현이지만, 여기선 편의상 남성과 여성으로 구분한다.

남성 고객과 여성 고객은 무엇이 다를까

남녀의 차이를 세일즈 글쓰기에 어떻게 반영할 수 있을까? 다음의 두 가지 차이를 고려하여 글을 쓰자.

첫째, 선호하는 정보 형태가 다르다. 남성에게는 객관적 정보를, 여성에게는 주관적 경험을 제공해야 한다. 남녀의 뇌가 서로 다른 탓에 선호하는 정보 형태도 다르다. 체계적 사고를 하는 남성은 신뢰할 만한 곳에서 작성된 데이터와 자료 같은 객관적인 정보를 선호하는 반면, 여성은 구매를 할 때 다른 사람의 경험에 큰 영향을 받는다.

세일즈 제품이 자동차이고, 이 차의 우수성에 대한 정보를 제공하는 경우를 예로 들어보자. 남녀에 따라 강조 포인트가 다르다. 남성 고객에게는 정보의 객관성을 강조한다. 반면 여성 고객에는 제품을 사용한 다른 사람의 리뷰를 보여준다. 이때 비슷한 연령의 같은 여성이 작성한 리뷰라면 효과는 배가 된다.

남성 고객에게 글을 쓰는 경우

- "고객님께 소개하는 신형 SUV는 미국 소비자조사업체 'JD파워 신차품질조사'에서 2019년 1위를 차지했습니다. 동급 최강의 250마력과 정지 상태에서 100미터까지, 제로백이 6초밖에 걸리지 않습니다. 차량 테스트 보고서와 관련 언론 보도 자료도 첨부했습니다."

여성 고객에게 글을 쓰는 경우

- "차의 가장 본질적인 기능은 안전입니다. 이 차를 구매하신 여성 고객님들께 안전하고 편안한 최고의 SUV란 평을 받고 있습니다."
- "고객님과 비슷한 나이의 다른 여성 고객님들은 아래와 같은 리뷰를 남겨주셨어요.
  - 주행할 때 차가 스스로 규정 속도에 맞춰주니 정말 편한 것 같아요. 어두운 밤길도 겁나지 않고 안전하게 운전할 수 있어 좋았어요. / ○○○ (여, 37세)
  - 개인적으로 제일 마음에 드는 기능은 차로 이탈과 전후방 충돌 방지에 도움을 주는 스마트 센스예요! 운전할 때는 늘 다른 사람이나 차들과 부딪힐까 두려웠는데 이제 고민이 덜어진 것 같아요. / △△△(여, 34세)"

한마디로 여성들은 What(제품의 특징)보다 Who(사용하는 사람)가 구매 결정에 더 큰 영향을 미친다. 따라서 입소문 마케팅도 여성들을 대상으로 할 때 더 큰 효과를 발휘한다.

둘째, 구매에 작용하는 가장 큰 힘이 다르다. 남성은 성취감, 여성은 관계를 중요시한다. 잠깐 원시 시대로 돌아가보자. 이때 생존에 가장 중요한 활동은 무엇이었을까? 사냥이다. 먹이 확보는 생존의 필수 조건이기 때문이다. 테스토스테론은 사냥에 필요한 대표적인 호르몬이다. 먹이에 대한 공격성은 최대화하고, 그 과정에서 발생할지 모를 위험들은 낙관적으로 생각하게 만들기 때문이다. 그래서 매머드와 같은 거대 동물에게도 겁 없이 달려들 수 있었다. 이런 이유로 사냥은 주로 테스토스테론의 분비가 많은 남성들의 책임이었다.

사냥이 더 이상 주된 활동이 아닌 지금에도 남성들의 사냥 본능은 여전히 남아 있다. 다만 사냥 대상이 매머드와 같은 동물에서 자동차나 핸드폰 같은 물건으로 바뀌었을 뿐이다.

사냥을 할 때 그날 정해진 목표를 달성하지 못하면 부족의 생계가 위협받았다. 따라서 목표는 반드시 달성해야 했다. 설령 그 과정에서 희생이 있다 하더라도 감수해야만 했다. 이 습성이 오늘날까지 이어져 현대의 남성들에게도 구매할 때 가장 중요한 것은 목표 달성이다. 남성들은 필요한 물건이라는 생각이 들면, 약간의 희생이 따르더라도 사는 경우가 많다. 그 물건을 사는 것이 목표이기 때문이다. 다음과 같은 상황에서 남녀는 어떻게 반응할까?

제품의 사양과 기능을 보니, 꼭 필요한 물건인 것 같다. 마침 사려고 했는데 잘되었다. 가격이 표시되어 있지 않아 담당자에게 물어보았다. 그런데 생각보다 조금 비쌌다. 15만 원 대로 예상했는데, 20만 원이라 한다.

이 경우 모든 남성들이 그렇지는 않지만, 구매할 가능성이 높다. 그들의 사냥 욕구를 깨워 테스토스테론이 뇌를 촉촉히 적시게 만들었다. 따라서 남성 고객을 대상으로 글을 쓸 때는 먼저 제품에 대한 '필요성'을 강조해야 한다. 제품 구입을 그들의 사냥 목표로 만들어야 한다는 말이다.

그렇다면 위의 상황에서 여성들은 어떤 반응을 보일까? 남성들의 반응과는 대부분 다르다. 여성들은 제품을 구매하기 전에 관계를 먼저 구매한다. 제품에 대한 논리적 설득 이전에 그들과 감정적 소통을 통해 좋은 관계를 먼저 만드는 것이 세일즈에 중요하다는 말이다.

위의 예처럼 제품 위주의 설명만으로는 그들의 관심을 끌거나 구매를 유도하기 힘들다. 여성을 상대로 한 세일즈를 할 때는 관계가 없으면 세일즈도 없다고 생각하는 편이 좋다. 특히 제품의 가격이 비쌀수록 이 말은 더 잘 적용된다.

여성들을 대상으로 글을 쓸 때는 감정적 느낌을 주는 부드럽고 다정한 단어를 사용해보자. 그들의 에스트로겐과 결합하여 좋은 관계를 만드는 데 도움을 줄 수도 있다. 그렇다고 오해는 하지 말자. 여성에게도 성취감은 중요하고, 남성에게도 관계는 중요하다. 다만 상대적인 차이가 있다는 것이다. 그 차이를 만드는 것 중 하나가 테스토스테론과 에스트로겐이라는 성 호르몬이다.

28장

고객 연령에 따른 세일즈 글쓰기

유행에 민감한 청년 고객, 보수적인 중년 고객

집 안이 소란스럽다. 고등학생 둘째 딸이 몰래 구입한 블루투스 이어폰을 발견한 아내가 잔소리를 하기 시작했고, 아이는 그 말이 듣기 싫어 방문을 쾅 닫아버렸다. 아내의 목소리는 서재에서도 크게 들렸다. "생각이 있는 거니? 그 이어폰이 얼마나 비싼 건 줄 알아? 언제 돈이 필요할지 모르는데 계속 저축했어야지. 휴대폰은 통화만 잘되면 되는데, 요즘 최신 폰들은 쓸데없이 기능만 복잡해! 그런 데 돈을 쓰다니……." 내가 듣기에는 아내의 말이 구구절절 옳은 것 같은데, 과연 아이도 나와 같은 생각일까?

신경마케팅 분야의 세계 최고 권위자 한스-게오르크 호이젤Hans-Georg Häusel 박사는 자신의 저서 《뇌, 욕망의 비밀을 풀다》에서 연령별 소비 패턴이 도파민, 테스토스테론, 코르티솔 신경전달물질 및 호르몬의 분비량과 관계가 있다고 설명한다. 호이젤 박사의 자료에 근거하여 대상 고객 연령별로 효과적인 글쓰기 전략을 알아보자. 신경전달물질과 호르몬은 뇌과학에서는 구분하여 사용하지만 여기에서는 이해의 편의를 위해 같은 의미로 사용한다.

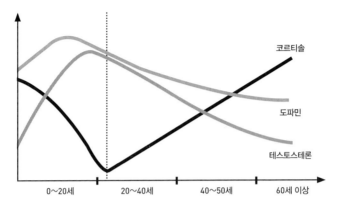

그림 연령별 신경전달물질
※ 자료 출처 : 한스-게오르크 호이젤(2019), 뇌, 욕망의 비밀을 풀다 p228.

도파민

보상을 기대할 때 분출되는 쾌락 호르몬이다. 새로움에 호기심을 느끼고 학습하게 만드는 호르몬으로 18~25세 사이에 정점에 도달한다. 나이가 들수록 일상에서 재미를 느끼지 못하는 원인 중 하나가 뇌 속에 도파민 분출이 줄어드는 것과 관계가 있다.

테스토스테론

공격적으로 도전하고 실행하게 만드는 호르몬이다. 사춘기 때부터 분비량이 많아지기 시작하며 20~30세 무렵 정점에 도달한다. 나이가 들수록 분비량이 줄어든다. 여성 호르몬인 에스트로겐도 비슷한 패턴을 보인다. 사춘기 때 청소년들이 무계획적이고 충동적으로 행동하는 이유를 이 호르몬의 폭발적 분비와 이를 억제할 전전두엽의 미성숙에서 찾기도 한다.

코르티솔

스트레스 호르몬이라고 불린다. 불안하고 걱정을 할 때 분비가 많아진다. 연령에 따른 분비량은 도파민이나 테스토스테론과 반대의 흐름을 보인다. 청년기(20~30세)에 최저치로 낮아지지만 그 이후 분비량이 점점 증가한다. 나이가 들수록 조심성이 많아지고 안정을 원하는 이유 중 하나가 이 호르몬의 분비량과 관계가 있다.

이외에 구매에 영향을 주는 호르몬(≒신경전달물질)에는 세로토닌과 아세틸콜린이 있다.

세로토닌

행복 호르몬이라고 불린다. 긍정적이고 낙관적인 기분을 느끼게 한다. 이 호르몬이 부족해지면 감정 조절이 힘들어진다. 나이가 들수록 감소 속도가 빨라진다.

아세틸콜린

기억에 중요한 호르몬이다. 기억은 학습의 시작이니, 이 호르몬의 분비량이 떨어지면 학습 능력이 저하된다. 노인들이 복잡한 매뉴얼을 이해하기 어려워하는 원인 중 하나가 이 호르몬의 결핍 때문이다.

연령별 구매 태도

연령별 구매 태도에 따라 글을 쓰면 대상 고객의 관심을 끌 가능성이 높아진다. 연령은 청년층(청소년 포함), 중장년층, 노년층 세 가지로 구분한다. 물론 구매 태도를 결정하는 것은 연령별 호르몬 분비만은 아니다. 환경, 교육, 재정 상태 등 여기에 영향을 미치는 다른 변수도 많다. 때문에 70세 노인도 청년층 구매 태도를 가지고 있을 수 있고 그 반대도 가능하다. 다만, 예외는 있지만 대다수의 경우에는 이렇게 구분하고 접근하는 것이 효과적이라는 의미다.

청년층

도파민과 테스토스테론이 왕성하게 분비되어 새로움과 재미를 추구하는 욕구가 높다. 유행에 민감하게 반응한다. 기억력과 학습 능력이 높아 복잡한 제품 설명도 빠르게 이해한다. 제품을 구매할 때도 꼼꼼하게 계산하거나 미래를 위해 저축하는 경우가 다른 연령층에 비해 드물다.

이 시기의 사람들에게 글을 쓸 때는 세일즈 제품이 지닌 독특하고 새로운 면을 보여주면 그들의 관심을 끌 수 있다.

- "지금까지 세상에 존재하지 않은 새로운 기능이 장착되어 있는 혁신적인 제품입니다."
- "이 제품은 독특하고 세련된 디자인으로 패션을 추구하는 젊은 세대에 크게 인기를 얻고 있고 있습니다."

청년기에는 아직 수입이 많지 않아 구매할 여력은 부족하다. 따라서 이들의 관심사 중 하나는 '어떻게 하면 더 적은 비용으로 더 많은 만족을 얻을 수 있을까?'다. 이러한 물음에 답하는 형식으로 글을 쓰자. 원하는 반응을 얻는 데 도움이 된다.

- "지금 시장에서 가장 핫한 아이템을 하나 구입하면 무료로 하나 더 드리는 행사를 진행합니다."
- "한 달 사용은 무료입니다. 마음껏 이용해보시고, 천천히 결정하세요!"

중장년층

걱정과 불안감을 불러오는 코르티솔이 증가하는 시기이다. 도파민과 테스토스테론의 분비가 줄어들어 물건을 충동적으로 구매하는 경우도 적다. 새로운 제품에 대한 위험을 감수하기보다는 자신이 알고 있는 브랜드나 신뢰할 만한 곳에서 만든 제품을 선호하는 보수적인 구매 형태를 보인다. 양보다는 질을 추구한다.

이 시기에 해당하는 고객에게는 편안함과 신뢰감을 강조하자.

- "이 제품은 수십 년 동안 전세계 1000만 명 이상의 고객이 사용한 브랜드 제품입니다"
- "가장 까다롭기로 유명한 미국 고속도로 안전보험협회IIHS 충돌 테스트에서 최고 안전 등급을 획득한 자동차입니다."
- "가전 분야에서 세계 최고의 기업, ○○에서 새롭게 출시된 노

트북을 소개합니다."

중장년기의 초반은 청년기에 가깝고, 후반은 노년기와 유사한 구매 형태를 보인다.

노년층

이 시기에 행동을 결정하는 데 많은 영향을 주는 호르몬은 코르티솔이다. 도파민과 아세틸콜린이 동시에 줄어들면서 정보처리 능력이 떨어지고 처리 속도도 눈에 띄게 느려진다. 25세가 초당 약 40비트의 정보를 처리한다면, 65세의 경우 이 수치가 절반으로 줄어든다. 젊은 시절보다 세로토닌 분비가 적어, 사소한 일에도 감정 과잉 반응을 보이기도 한다.

노년층을 대상으로 글을 쓴다면 두 가지만 기억하자. '간단'과 '안심'이다. 이들의 저하된 정보처리 능력과 기억력을 고려하여 전달 내용을 최대한 간단하게 작성해야 한다. 청년층들에게는 효과가 있는 창의적인 세일즈 문구에 전혀 흥미를 느끼지 못한다. 변화를 싫어하거나 두려워하는 노년층 고객에게는 먼저 그들의 마음을 안심시키는 것이 필요하다. 여기에는 행동 변화가 적다는 것을 강조하거나 그들에게 익숙한 것과 비교하는 방법이 효과적이다.

- "버튼 하나만 누르면 커피가 알아서 만들어집니다."
- "고객님이 사용하시던 ○○과 사용법은 동일한데 성능은 훨씬 좋아진 신제품입니다."

29장

고객에게 사과할 때의 세일즈 글쓰기

사과의 순간은
더욱 진실해야 한다

평소 마시던 것보다 비싼 커피 원두를 단골 카페에 주문했다. 며칠 뒤 원두가 도착했고, 특별한 맛에 대한 기대감으로 서둘러 커피를 내렸다. 그런데 이게 웬걸, 직전에 마셨던 저렴한 커피와 맛이 똑같은 게 아닌가! 주문한 커피도 이전에 한 번 마셔본 적이 있어 그 맛을 기억하는데. 실망과 분노로 카페 홈페이지에 아래와 같은 글을 남겼다. 나의 불만에 카페는 어떻게 대응했을까?

> 이번에 구입한 커피 원두, 예멘 모카 마타리에 의문이 생겨 연락드립니다.
> 지난번에 구입한 것과 맛과 향이 너무 다릅니다.
> 혹시 물건을 잘못 보내신 건 아닌가요?
> 여러 번 마셔봐도 예멘 모카 마타리가 아닌 것 같아서요. 맛에 실망했습니다.

세일즈 담당자가 고객불만에 대응하는 방식은 아래와 같이 세 가지 유형으로 구분할 수 있다.

1. 모르쇠 유형: "전 모르는 일입니다. 아마 배송 과정에서 문제가~"
2. 선생님 유형: "잘 들어보세요. 이유는 이러쿵저러쿵~"
3. 3A 유형: "맞습니다. 죄송합니다. 조치를 취하겠습니다."

첫 번째 모르쇠 유형은 고객이 불만을 제기하는 사항에 무조건 발뺌을 하거나 제삼자의 책임으로 돌리는 유형이다. 이런 반응은 고객의 불만을 해소하기는커녕 자칫 불난 집에 기름을 붓기 십상이다.

우리 뇌 깊숙한 곳에는 감정의 중추로 알려진 편도체amygdala 라는 곳이 있다. 이 편도체는 위기 상황에 행동 반응을 결정하는 곳이다. 위기 상황이란 공포나 불쾌한 감정을 심하게 느끼는 경우를 말한다. 우리 행동은 평상시에는 전두엽front cortex 의 이성적 통제

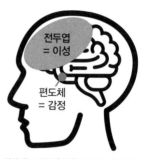

평상시는 전두엽(이성)이, 위기 상황에서는
편도체(감정)가 행동을 결정한다!

그림 전두엽과 편도체

를 받지만 위기 상황에서는 편도체의 감정적 폭발에 좌우된다. 그래서 화가 나면 이성적으로 행동하기 어려운 법이다.

세일즈맨의 모르쇠 반응을 접한 고객은 어떤 감정을 느낄까? 심한 불쾌감이다. 감정이 상하고 편도체가 폭발하기 시작한다. 고객의 험한 표현에 세일즈맨의 편도체도 폭발한다. 이 상태에서는 이성이 개

입할 여지가 없다. 이렇게 서로 잘잘못을 따지다 보면 진흙탕 싸움이 되고 만다.

만약 이런 싸움이 홈페이지나 SNS 같은 공개된 공간에서 일어난다면 다른 고객들은 어떻게 판단할까? "그래, 저 사람 말이 맞는 것 같네."라고 말하며 세일즈 담당자와 고객 중 한 사람의 손을 들어줄까? 그런 일은 거의 없다! 그냥 그 자리를 떠나버린다. 누구라도 옷에 진흙이 묻는 것을 바라지 않는다.

고객의 불만 대응에 비효과적인 두 번째 유형은 자꾸 설명하며 가르치려는 선생님 유형이다. 모르쇠 유형처럼 고객의 감정을 악화시키는 일은 드물겠지만, 이 방법도 그다지 효과적이지는 않다. 감정이 상한 상태에서 고객이 당신의 설명에 귀를 기울일까? 아니다. 화가 나 있거나 감정이 상할 때, 고객은 설명을 세일즈맨의 변명으로 받아들일 가능성이 높다. 물론 설명이 필요 없다는 뜻은 아니다. 순서가 중요하다. 고객의 감정을 진정시키는 게 먼저고, 설명은 그다음이란 말이다.

다음 사과 메일은 감정을 상하게 하는 모르쇠 유형의 글이 아니었다. 그런데 글을 보고 카페의 입장이 이해는 되었지만, 마음이 완전히 풀리기에는 부족했다. 이유가 무엇일까? 한번 읽고 생각해보자.

> 먼저 주문하신 상품이 기대와 다른 맛을 드려 죄송스러운 마음을 전합니다.
> 저희 로스팅팀은 커피 출고에 만전을 기하기 위해 세 가지의 품질 관

리 시스템을 거치고 있습니다.

1. 모든 로스팅 프로파일 기록, 2년간 보관
2. 커피는 출고 직전 로스터 4인 컵테스팅, 기록물 보관
3. 당일 로스팅되는 전 품목의 샘플(50g)들을 약 2주간 보관

오늘 오전 게시글을 확인하자마자 출고된 커피의 1, 2번 문서적인 부분을 확인하였고 문제를 발견할 수 없었습니다.
또한 해당 날짜 커피 샘플의 커핑 테스트도 진행하였지만 문제점을 확인할 수 없었습니다.
하지만 회원님께서 하시는 말씀에 몇 가지 상황들을 추측해볼 수 있을 것 같습니다.

1. 추출 환경의 변화
4월에 주문하셨을 때는 분쇄 상태의 커피를 주문하셨습니다.
이번엔 원두로 주문해주셨는데요. 저희 소분실에서 사용하는 분쇄도와 이번에 주문해서 음용하신 원두의 분쇄 상태가 달라졌기 때문에 맛의 변화가 일어났을 가능성이 있다고 판단합니다.

(중략)

더 좋고 나쁨을 떠나서 그라인더의 종류, 분쇄 정도에 따라서 맛은 충분히 변화할 수 있기 때문입니다.
쓴맛과 감칠맛이 상승했다면 분쇄도가 너무 곱게 갈리지 않았을까 조심스럽게 예측해봅니다.
분쇄도를 조금만 굵게 추출해보시고 피드백을 주시길 바랍니다.

정성을 들여 쓴 글이라는 느낌을 받았다. 무미건조한 복사+붙여넣기 답변보다는 훨씬 더 고객 불만에 적극적으로 대응하려는 세일즈 담당자의 의도도 읽혔다. 글의 목적이 '고객 불만 해소'가 아니라 '고객 이해'라면 좋은 글일지 모른다. 그러나 불만이란 감정의 해소는 논리적 설명이 아니라 진정성 있는 사과를 통해서만 달성할 수 있는데, 이 글의 대부분은 설명으로 채워져 있어서 약간 아쉬웠다. 선생님 유형의 글이라고 할 수 있다.

동의하고 사과하고 즉각 행동하라

그런데 며칠 지난 뒤 뜻하지 않은 선물을 받았다. 카페에서 보낸 소량의 원두와 손편지였다. 원두도 좋았지만 나를 감동시킨 것은 아래의 손편지였다. 요즈음 시대에 회신을 손편지로 받은 것 자체도 신기했지만 글에서 고객에 대한 진정성을 느낄 수 있었다.

안녕하세요, OOO 고객님.

고객님의 말씀대로 저희가 출고해야 할 커피와 다른 상품이 담겨 있을 가능성이 있습니다.
유쾌하지 못한 경험을 만들어드린 점에 대해 진심으로 사과드립니다.

원두의 맛이 다르게 느껴지는 데는 여러 원인이 있어 확인을 위해 예멘 원두를 소량 보냅니다.
비교 시음해보시고 문제가 없다면 맛있게 즐겨주세요.

하지만 보낸 것과 비교하여 문제가 있다고 판단하시면 꼭 연락 부탁드립니다.

그때 저희가 생각하고 있는 다른 원인에 대해서 설명드리겠습니다.

앞으로 더 많이 주의하고, 더 많이 분발하겠습니다.
다시 한번 죄송합니다.

언제나 커피처럼 향기로운 하루하루 보내세요.
감사합니다.

앞서 보내준 메일보다 내용은 짧았지만, 내 마음은 훨씬 편안해졌고 카페에 대한 호감은 오히려 증가했다. 사과에 효과적인 3A 방식으로 작성되었기 때문이다.

3A 방식이란 고객의 불만에 먼저 동의하고Agree, 사과한Apologize 뒤 조치할 행동Act 을 표현하는 것이다. 카페의 사과 글 중 3A와 관련된 문구를 정리해보았다.

3A	관련 문구
Agree (동의하기)	"고객님의 말씀대로 …… 가능성이 있습니다."
Apologize (사과하기)	"…… 진심으로 사과드립니다."
Act (행동하기)	"원두를 소량으로 보냅니다." "연락 주시면 설명드리겠습니다." "앞으로 더 많이 주의하고, 더 많이 분발하겠습니다."

고객의 잘못이 명백하거나 섣불리 동의했다가 법적 책임을 져야 하는 위험 등으로 고객의 불만에 동의하기 어려운 경우도 있다. 그럴 때는 내용이 아니라 고객의 감정에 동의해준다. 옳고 그름은 나중에 가리고, 먼저 불편한 고객의 감정을 있는 그대로 받아주고 인정해주라는 말이다. 어쨌든 당신 제품을 이용하는 과정에서 불편한 감정이 생긴 것은 사실이지 않은가. 책임 소재 가리기는 그다음의 문제다.

마케팅에서 MOT Moment of Truth, 진실의 순간 란 말이 있다. 스페인 투우에서 유래된 말로 투우사가 소와 일대일로 대결하는 최후의 순간, 즉 실패가 허용되지 않는 매우 중요한 순간을 뜻한다. 세일즈에서 MOT는 언제일까? 고객과 접촉할 때다. 상품을 판매하거나 사과를 할 때가 고객에게 진실함을 보여주는 대표적인 순간이다. 특히 사과의 순간은 더욱 진실해야 한다. 악성 고객이 되느냐 충성 고객이 되느냐가 그 순간에 달려 있기 때문이다.

사과를 할 때 3A로 작성하면 고객 불만을 잠재우고 고객의 충성도를 높일 수 있다. 고객 불만이란 위기가 고객 관계를 강화할 수 있는 기회가 된다. 이 사건 이후에 내가 카페의 충성도 높은 고객이 된 것처럼.

민감한 내용을 전달할 땐 글이 아니라 말로!

아침 일곱 시에 문자 알람이 떴다. 불길한 예감은 틀리지 않는 법이라더니 함께 프로젝트를 진행하고 있는 교수님의 문자였다. 본인은 앞으로 프로젝트에서 빠지겠다는 일방적인 통보였다. 회사 최고위층까지 보고해야 할 기한도 얼마 남지 않았는데. 허겁지겁 학교로 가서 교수님을 만났다. 한눈에 봐도 화가 단단히 난 모양이다. 내가 무엇을 잘못했을까? 갑자기 어제 오후에 교수님께 보낸 이메일이 떠올랐다. 최대한 절제된 표현으로 교수님의 연구보고서 초안에 대해 피드백을 해드렸는데 또 불길한 예감이…….

누구나 한 번쯤은 이런 경험을 해보았을 것이다. 글은 자신의 의도와는 달리 상대가 오해하기 쉽다. 위의 사례처럼 자신은 최대한 정중하고 객관적으로 썼다고 생각했는데, 상대는 그 글을 보며 모욕감을 느꼈다며 화를 내기도 한다. 물론 말도 오해를 부르지만 부정적 정보를 전달할 때는 글이 커뮤니케이션 오류를 발생시킬 확률이 훨씬 높다. 이유가 뭘까?

말을 할 때는 얼굴 표정, 말의 톤 등을 통해 전달자의 감정을 전달할 수 있지만 글로는 어렵기 때문이다. 단순한 정보와 지식의 전달만 하는 경우라면 별 차이가 없고 오히려 글로 전달하는 것이 유리한 면도 있다. 한번 전달하면 흘러가는 말과 달리 문자로 적은 글은 필요할 때마다 반복적으로 볼 수 있으니 말이다.

그렇지만 상대의 감정을 건드릴 수 있는 민감한 내용을 전달할 때는 직접 만나서 말로 하는 게 상책이다. 통화는 차선책이고 가장 하책이 글로 적어 보내는 것이다. 왜 글이 가장 나쁜 방법일까? 우리 뇌의 메시지 처리 경로와 감정의 기본 속성과 관련이 있다.

우리 뇌는 메시지 전달자가 생각하는 것과 똑같은 메시지를 기억하지 않는다. 아래 그림처럼 전달자의 생각 A는 메시지 이동 후 수신자의 뇌 안에서는 생각 A-1로 기억한다. 비슷하나 다른 기억으로 저장된다는 말이다. 우리 뇌가 인식한 외부 메시지는 반드시 감정이라는 필터를 거쳐 재해석되고 그 결과가 기억되기 때문이다. 따라서 엄밀히 말하면

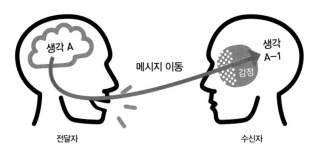

외부에서 받은 메시지는 감정 필터를 거쳐 새로운 기억으로 저장된다

그림 메시지 처리와 기억 경로

커뮤니케이션 상대와 완전히 같은 기억을 공유할 수는 없다. 각자가 묻힌 감정의 색채에 따라 기억이 조금씩 달라지게 된다.

감정이 개입되지 않는 일반적인 메시지라면 A와 A-1 정도의 기억 차이가 커뮤니케이션 문제를 만들어내는 일은 드물다. 위의 그림처럼 A와 A-1는 서로 다르기는 하지만 커뮤니케이션 오류가 발생할 만큼 큰 차이는 아니기 때문이다.

그런데 민감한 내용, 즉 감정 개입이 심하게 될 수밖에 없는 메시지라면 경우가 다르다. 감정은 물결과 같은 속성이 있다. 돌멩이를 잔잔한 호수에 던진다고 해보자. 호수에 퍼지는 물결이 감정이다. 시간이 조금 지나면 물결이 잦아들듯이, 감정도 일정 시간이 지나면 사라진다.

그림 감정의 소멸

그런데 같은 곳에 계속 돌을 던지면 어떻게 될까? 앞과 뒤의 물결이 섞여 점점 커지게 된다. 감정이 폭발하는 것이다.

말을 하는 경우에는 수신자의 감정의 변화를 어느 정도 관리할 수

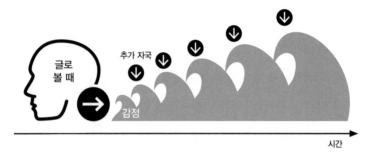

있다. 호수에 돌멩이가 투입되지 않으면 물결이 멈추는 것처럼 상대방의 감정에 부정적 자극을 주지 않는다. 대화의 주제를 전환하든지, 빠르게 사과하든지 하면서 말이다.

그런데 글은 다르다. 일단 글로 메시지가 전달되면 전달자가 수신자의 감정을 관리할 방법은 없다. 게다가 글은 문자로 남아 있어 계속 볼수 있다는 것이 이 경우에는 치명적으로 작용한다. 글을 볼 때마다 감정에 부정적인 자극이 추가로 들어와 감정의 물결은 점점 커지게 된다. 감정의 물결이 커질수록 메시지 해석에 필요한 감정 필터도 오염되고 이 필터를 통과하는 메시지는 당연히 전달자의 의도와는 전혀 다른 의미로 해석되기 쉽다.

이런 경우를 피하기 위해서는 민감한 내용은 가능한 한 직접 보면서말로 전달하는 게 좋다. 글은 직접 말로 할 때보다 감정의 전달에서 왜곡이 생기기 십상이기 때문이다. 감정의 강도를 가장 긍정적인 감정일

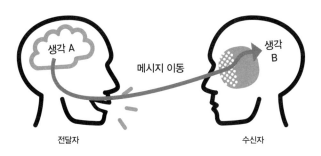

전달자의 생각(A)이 수신자에게는 다른 생각(B)으로 받아들여진다.

그림 오염된 감정 필터와 메시지 처리

때를 100으로, 반대로 가장 부정적인 감정일 때를 −100으로 두자. 글로 50 정도의 감정으로 이야기해도 상대에게는 30 수준밖에 전달되지 않을 수도 있다. 반대로 자신은 강도 0으로 별 감정 없이 이야기했는데 상대는 −20 정도의 부정적 감정으로 인식할 수도 있다. 화나지 않았는데 상대는 자신의 감정을 화가 난 감정으로 받아들일 수 있다는 것이다.

상대의 감정을 자극할 수 있는 글을 쓸 때는 자신의 의도를 확실히 표현해야 할 뿐만 아니라 표현을 부드럽게 하는 데 더욱 신경 써야 한다. 공식적인 문서가 아니라면 감정 이모티콘이나 부드러운 느낌을 주는 물결 표시 같은 부호 사용도 도움이 된다.

참고문헌

가바사와 시온, 당신의 뇌는 최적화를 원한다, 쌤앤파커스, 2018

고구레 다이치, 횡설수설하지 않고 정확하게 설명하는 법, 갈매나무, 2017

곽준식, 프로스펙트 이론: 이익은 나누고 손실은 합하라, 동아비즈니스리뷰 99호, 2012

김용규, 설득의 논리학, 웅진지식하우스, 2007

나태주, 오래 보아야 예쁘다 너도 그렇다, 알에이치코리아, 2015

다니엘 핑크, 파는 것이 인간이다, 청림출판, 2013

대니얼 카너먼, 생각에 관한 생각, 김영사, 2018

댄 케네디, 고객을 불러오는 10억짜리 세일즈 레터 & 카피라이팅, 리텍콘텐츠, 2014

댄 히스, 칩 히스, Stick 스틱!, 엘도라도, 2009

데이비드 이글먼, 더 브레인, 해나무, 2017

로버트 치알디니, 설득의 심리학, 21세기북스, 2002

로버트 치알디니, 스티브 마틴, 노아 골드스타인, 설득의 심리학 3, 21세기북스, 2015

로빈 윌리엄스, 디자이너가 아닌 사람들을 위한 디자인북, 라의눈, 2016

롤프 도벨리, 스마트한 생각들, 걷는나무, 2012

리처드 쇼튼, 어떻게 팔지 답답할 때 읽는 마케팅 책, 비즈니스북스, 2019

바바라 민토, 바바리 민토, 논리의 기술, 더난출판사, 2004

박문호, 박문호 박사의 뇌과학 공부, 김영사, 2017

박지영, 유쾌한 심리학, 파피에, 2006

브라이언 트레이시, 브라이언 트레이시의 전략적 세일즈, 비주얼토크북, 2012

샘 혼, 적을 만들지 않는 대화법, 갈매나무, 2018

세스 고딘, 마케팅이다, 쌤앤파커스, 2019

세스 고딘, 보랏빛 소가 온다, 재인, 2004

스테판 M. 코슬린, 프레젠테이션 슬라이드, 멘토르, 2009

에릭 캔델, 래리 스콰이어, 기억의 비밀, 해나무, 2016

윤석철, 경영학의 진리체계, 경문사, 2001

이승윤, 영혼 없는 이모티콘, 고객이 등 돌릴 수도, 동아비즈니스리뷰 285호, 2019

이케가야 유지, 교양으로 읽는 뇌과학, 은행나무, 2015

이케가야 유지, 세상에서 가장 재미있는 61가지 심리실험, 사람과나무사이, 2019

이케가와 유지, 세상에서 가장 재미있는 63가지 심리실험, 사람과 나무사이, 2018

이토 고이치로, 데이터 분석의 힘, 인플루엔셜, 2018

정철, 카피책, 허밍버드, 2016

제임스 크리민스, 도마뱀을 설득하라, 한빛비즈, 2017

조재도, 쉽고 친절한 글쓰기, 작은숲, 2016

조현준, 왜 팔리는가, 아템포, 2013

존 맥스웰, 존 맥스웰 리더십 불변의 법칙, 비즈니스북스, 2010

존 메디나, 브레인 룰스, 프런티어, 2009

존 바그, 우리가 모르는 사이에, 청림출판, 2019

지그 지글러, 세일즈 클로징, 산수야, 2018

카야 노르뎅엔, 내가 왜 이러나 싶을 땐 뇌과학, 일센치페이퍼, 2019

클리프 엣킨슨, 프레젠테이션을 부탁해, 정보문화사, 2009

한스-게오르크 호이젤, 뇌, 욕망의 비밀을 풀다, 비즈니스북스, 2019

황현진, 세일즈, 말부터 바꿔라, 비즈니스북스, 2017

Brian Wansink, Robert J. Kent and Steve Hoch, An Anchoring and Adjustment Model of Purchase Quantity Decisions, Journal of Marketing Research, February 1, 71~81, 1998

George A. Miller, The Magical Number Seven, Plus or Minus Two: Some Limits on Our Capacity for Processing Information, Psychological Review, 1956

Henry L. Roediger and Jeffrey D. Karpicke, Test-Enhanced Learning Taking Memory Tests Improves Long-Term Retention, Washington University in St. Louis, 2006

Stephen Worcliel, Jerry Lee and Akanbi Adewole, Effects of Supply and Demand on Ratings of Object value, Journal of Personality and Social Psychology, 1975

https://www.worklearning.com/2010/12/14/how-much-do-people-forget/

이제 말이 아닌 글로 팔아라

초판 1쇄 발행   2020년 8월 31일
초판 3쇄 발행   2023년 5월 29일

지은이 • 이수민

펴낸이 • 박선경
기획/편집 • 이유나, 강민형, 지혜빈, 김선우
마케팅 • 박언경, 황예린
표지 디자인 • 최성경
본문 디자인 • 디자인원
제작 • 디자인원(031-941-0991)
펴낸곳 • 도서출판 갈매나무

출판등록 • 2006년 7월 29일 제2006-000092호
주소 • 경기도 고양시 일산동구 호수로 358-39 (백석동, 동문타워Ⅰ) 808호
전화 • 031)967-5596
팩스 • 031)967-5597
블로그 • blog.naver.com/kevinmanse
이메일 • kevinmanse@naver.com
페이스북 • www.facebook.com/galmaenamu

ISBN 979-11-90123-88-4/03320
값 16,000원

이 도서의 국립중앙도서관 출판예정도서목록(CIP)은 서지정보유통지원시스템 홈페이지
(http://seoji.nl.go.kr)와 국가자료종합목록 구축시스템(http://kolis-net.nl.go.kr)에서
이용하실 수 있습니다.(CIP제어번호: CIP2020034351)